Allan Shepard

Ahimsa
A Sabedoria Atemporal do Jainismo

Título Original: Ahimsa - A Sabedoria Atemporal do Jainismo
Copyright © 2024, publicado por Luiz Antonio dos Santos ME.
Este livro é uma obra de não-ficção que explora os princípios e a filosofia do Jainismo, destacando sua ênfase na não-violência (Ahimsa), na libertação espiritual e na ética Jainista. Através de uma abordagem abrangente, o autor apresenta a história, os ensinamentos e as práticas desta tradição milenar.
1ª Edição
Equipe de Produção
Autor: Allan Shepard
Editor: Luiz Santos
Capa: Studios Booklas / Ricardo Meireles
Consultor: Fernando Alencar
Pesquisadores: Marta Ribeiro, Tiago Vasconcelos, Helena Duarte
Diagramação: Júlio Fontes
Publicação e Identificação
Ahimsa - A Sabedoria Atemporal do Jainismo
Booklas, 2024
Categorias: Religião / Filosofia Oriental
DDC: 294.4 / **CDU:** 29(540)
Todos os direitos reservados a:
Luiz Antonio dos Santos ME / Booklas
Nenhuma parte deste livro pode ser reproduzida, armazenada num sistema de recuperação ou transmitida por qualquer meio — eletrônico, mecânico, fotocópia, gravação ou outro — sem a autorização prévia e expressa do detentor dos direitos autorais.

Sumário

Índice Sistemático 5
Prólogo 11
Capítulo 1   O Que é o Jainismo? 14
Capítulo 2   Origens do Jainismo 18
Capítulo 3   O Último Tirthankara 23
Capítulo 4   Escrituras Jainistas 28
Capítulo 5   Princípios Centrais do Jainismo 33
Capítulo 6   A Pedra Angular da Ética Jainista 39
Capítulo 7   A Epistemologia Jainista 45
Capítulo 8   A Lei de Causa e Efeito Espiritual 51
Capítulo 9   A Alma e o Não-Alma 57
Capítulo 10 Ligação e Libertação 62
Capítulo 11 Ascetismo e Prática Espiritual 68
Capítulo 12 O Caminho da Purificação 74
Capítulo 13 Monasticismo Jainista 82
Capítulo 14 Práticas Jainistas para Leigos e Leigas 89
Capítulo 15 A Dieta Jainista 96
Capítulo 16 Templos e Rituais Jainistas 103
Capítulo 17 Arte e Arquitetura Jainista 110
Capítulo 18 Principais Festividades Religiosas 118
Capítulo 19 Comunidade Jainista 126
Capítulo 20 Jainismo e Ciência 132
Capítulo 21 Jainismo e Ambientalismo 139
Capítulo 22 A Construção da Paz 145
Capítulo 23 Diálogo Inter-religioso 152

Capítulo 24 Jainismo na Diáspora 158
Capítulo 25 Desafios Contemporâneos..................................... 164
Capítulo 26 O Futuro do Jainismo 170
Capítulo 27 Semelhanças Com o Budismo............................... 175
Capítulo 28 O Legado Duradouro do Jainismo 181
Capítulo 29 Um Caminho para a Paz Interior.......................... 187
Epílogo 191

Índice Sistemático

Capítulo 1: O Que é o Jainismo? - Aborda os conceitos básicos do Jainismo, como a não-violência (Ahimsa) e a libertação espiritual (Moksha), e seus princípios éticos e a cosmovisão que molda a vida de seus praticantes.

Capítulo 2: Origens do Jainismo - Mergulha nas origens do Jainismo na Índia Antiga, explorando teorias sobre suas raízes pré-védicas e sua relação com outras correntes de pensamento como o Budismo e o Hinduísmo.

Capítulo 3: O Último Tirthankara - Explora a vida e o legado de Mahavira, o último Tirthankara, que revitalizou o Jainismo e o moldou como o conhecemos hoje, incluindo sua renúncia ao mundo material, seu ascetismo e sua pregação.

Capítulo 4: Escrituras Jainistas - Apresenta as escrituras sagradas Jainistas, os Agamas, detalhando sua formação, os diferentes cânones das seitas Digambara e Svetambara, suas línguas sagradas e sua importância na prática Jainista.

Capítulo 5: Princípios Centrais do Jainismo - Examina os princípios centrais do Jainismo, incluindo as Três Jóias (Visão Correta, Conhecimento Correto, Conduta Correta) e os Cinco Grandes Votos (Ahimsa,

Satya, Asteya, Brahmacharya, Aparigraha), que guiam a jornada espiritual Jainista.

Capítulo 6: A Pedra Angular da Ética Jainista - Explora o princípio da Ahimsa (Não-Violência) como a pedra angular da ética Jainista, detalhando seus três níveis (física, verbal e mental), sua base filosófica no conceito de Jiva e suas implicações práticas na vida cotidiana.

Capítulo 7: A Epistemologia Jainista - Aborda a epistemologia Jainista, com foco nos conceitos de Anekantavada (multiplicidade de perspectivas) e Syadvada (predicação condicional), que promovem uma visão relativista e tolerante da verdade e do conhecimento.

Capítulo 8: A Lei de Causa e Efeito Espiritual - Examina a Teoria do Karma no Jainismo, descrevendo o Karma como uma substância sutil que se liga à alma, suas diferentes categorias, os mecanismos de ligação, fruição e libertação, e a responsabilidade individual pelas ações.

Capítulo 9: A Alma e o Não-Alma - Aborda a dicotomia entre Jiva (Alma) e Ajiva (Não-Alma) na cosmovisão Jainista, descrevendo a natureza da alma, as categorias do não-alma e a interação entre Jiva e Ajiva na experiência humana.

Capítulo 10: Ligação e Libertação - Explora os conceitos de Ligação (Bandha) e Libertação (Moksha), o objetivo final do Jainismo, descrevendo o estado de ligação kármica, o sofrimento que ele causa e o caminho para a libertação através da purificação da alma.

Capítulo 11: Ascetismo e Prática Espiritual - Aborda o ascetismo (Tapas) como ferramenta essencial na jornada espiritual Jainista, detalhando práticas como o jejum, a meditação, a autodisciplina e o controle dos sentidos, visando à purificação kármica e à libertação.

Capítulo 12: O Caminho da Purificação - Apresenta os Quatorze Estágios de Desenvolvimento Espiritual (Gunasthanas) como um mapa da jornada espiritual Jainista, descrevendo os diferentes níveis de pureza, conhecimento e conduta moral que o praticante pode alcançar.

Capítulo 13: Monasticismo Jainista - Explora o monasticismo como uma instituição central no Jainismo, detalhando as duas principais seitas, Digambara e Svetambara, suas diferenças em termos de vestuário, posse de bens, práticas alimentares e visões sobre a libertação das mulheres.

Capítulo 14: Práticas Jainistas para Leigos e Leigas - Aborda as práticas Jainistas adaptadas à vida laica, com foco nos Anuvratas (votos menores) e em diretrizes éticas adicionais que orientam a conduta moral e espiritual dos leigos e leigas.

Capítulo 15: A Dieta Jainista - Examina a dieta Jainista como uma expressão da Ahimsa, detalhando o vegetarianismo rigoroso, as restrições alimentares específicas e os princípios éticos e espirituais que guiam a alimentação Jainista.

Capítulo 16: Templos e Rituais Jainistas - Explora os templos (Derasar) e os rituais Jainistas, descrevendo sua arquitetura, simbolismo, as imagens dos Tirthankaras, os rituais diários e a importância da devoção e da comunidade na prática Jainista.

Capítulo 17: Arte e Arquitetura Jainista - Aborda a arte e a arquitetura Jainista, destacando suas características estéticas, o simbolismo, as representações dos Tirthankaras, os principais símbolos e os elementos arquitetônicos dos templos Jainistas.

Capítulo 18: Principais Festividades Religiosas - Descreve as principais festividades religiosas do Jainismo, incluindo Mahavir Jayanti, Paryushan Parva, Diwali e Akshaya Tritiya, detalhando seus significados, rituais e práticas espirituais.

Capítulo 19: Comunidade Jainista - Examina a comunidade Jainista (Sangha), sua estrutura, seu papel na preservação da tradição, a importância da educação Jainista e as contribuições Jainistas para a sociedade em áreas como filosofia, arte, literatura, ciência e ética.

Capítulo 20: Jainismo e Ciência - Explora a relação entre Jainismo e ciência, identificando paralelos entre princípios Jainistas e conceitos científicos modernos em áreas como ecologia, física e biologia, e discutindo a busca por uma ciência ética e responsável.

Capítulo 21: Jainismo e Ambientalismo - Aborda a relevância ecológica do Jainismo, com foco na Ahimsa como princípio fundamental do ambientalismo Jainista, na proteção de todas as formas de vida, nas práticas ecológicas Jainistas e na busca por um futuro sustentável.

Capítulo 22: A Construção da Paz - Examina o papel do Jainismo na construção da paz, com foco na Ahimsa como ferramenta para a resolução de conflitos, na importância do diálogo, da compreensão mútua e da empatia, e em exemplos de aplicação dos princípios Jainistas na promoção da paz.

Capítulo 23: Diálogo Inter-religioso - Aborda a perspectiva Jainista sobre o diálogo inter-religioso, com foco no Anekantavada como base para a compreensão da diversidade religiosa, no respeito e tolerância Jainista em relação a outras fés, e na busca por valores universais e cooperação inter-religiosa.

Capítulo 24: Jainismo na Diáspora - Explora a diáspora Jainista, descrevendo sua expansão global, os desafios e adaptações do Jainismo em novos contextos culturais, e a contribuição da diáspora para a disseminação dos ensinamentos Jainistas.

Capítulo 25: Desafios Contemporâneos - Examina os desafios contemporâneos enfrentados pelo Jainismo, incluindo o secularismo, o materialismo, a globalização, as questões de gênero e justiça social, e as adaptações modernas e inovações na prática e interpretação do Jainismo.

Capítulo 26: O Futuro do Jainismo - Aborda o futuro do Jainismo, discutindo seu potencial para contribuir para um mundo mais ético, pacífico e sustentável, a relevância dos princípios Jainistas para a resolução dos desafios globais, e a importância de preservar e promover os ensinamentos Jainistas para as futuras gerações.

Capítulo 27: Semelhanças Com o Budismo - Faz uma análise comparativa entre Jainismo e Budismo, explorando as semelhanças em suas origens, valores éticos e objetivos espirituais, e as diferenças em doutrinas filosóficas, práticas ascéticas e abordagens para a libertação.

Capítulo 28: O Legado Duradouro do Jainismo - Examina o legado duradouro do Jainismo, com foco em sua influência na ética, filosofia, vegetarianismo, arte, arquitetura e literatura Indiana, e em sua mensagem central de paz, não-violência e busca espiritual.

Capítulo 29: Um Caminho para a Paz Interior - Revisa os principais ensinamentos e valores do Jainismo, refletindo sobre seu potencial como um caminho para a paz interior e a harmonia universal, e sua relevância perene em um mundo que anseia por paz, compaixão e sabedoria.

Prólogo

Imagine um caminho milenar, trilhado por sábios que desafiaram as ilusões do mundo material em busca da verdade última. Um caminho que atravessa os séculos sem se curvar às mudanças efêmeras do tempo, oferecendo um código de conduta que transcende culturas e geografias. Um caminho que não apenas ensina a virtude, mas a incorpora, transformando cada gesto, cada palavra, cada pensamento em um ato de profunda consciência e harmonia com o universo.

Este livro que você tem em mãos não é um simples relato histórico ou um compêndio de crenças religiosas. Ele é um convite para uma jornada interior, uma porta para a compreensão de um dos sistemas filosóficos mais refinados e radicais já concebidos: o Jainismo.

Desde suas origens na Índia Antiga até sua influência silenciosa, mas poderosa, no mundo contemporâneo, o Jainismo se ergue como um testemunho da resistência da alma humana à violência, à ignorância e ao apego. Suas doutrinas não são apenas conceitos abstratos; são ferramentas práticas que podem moldar a forma como percebemos a existência, interagimos com o mundo e compreendemos nosso papel na grande tapeçaria da vida.

A pedra angular desta tradição é a Ahimsa – a não-violência em sua expressão mais pura e abrangente. Não se trata apenas de evitar ferir fisicamente outro ser, mas de eliminar até mesmo a sombra da violência de nossas intenções e pensamentos. E se a paz verdadeira não fosse apenas uma utopia distante, mas uma escolha diária, cultivada com disciplina e compaixão?

Aqui, você descobrirá um universo onde cada alma é responsável por seu próprio destino, onde a verdade não é rígida, mas multifacetada, e onde o conhecimento e a conduta correta são os únicos caminhos para a libertação. Este livro não se contenta em apenas expor doutrinas; ele o desafia a ver o mundo sob uma nova ótica, a questionar seus hábitos e a refletir sobre como cada escolha sua molda não apenas seu futuro, mas o equilíbrio de toda a existência.

Não espere uma leitura comum. Você está prestes a ser conduzido por um labirinto de ideias profundas, a conhecer seres iluminados que transcenderam os limites da carne e do tempo, e a compreender que a verdade raramente é absoluta – ela se revela em camadas, como uma joia que precisa ser polida pela experiência e pelo discernimento.

Este livro é uma dádiva, um mapa para aqueles que buscam um sentido maior na vida. Ele não impõe dogmas, não exige fé cega – ele apenas ilumina um caminho que sempre esteve diante de nós, esperando para ser reconhecido.

Seja bem-vindo a esta jornada. Permita-se absorver cada ensinamento, questionar cada conceito, sentir cada palavra ressoar em seu íntimo. Pois, ao final desta leitura, você não será o mesmo.

O Editor

Capítulo 1
O Que é o Jainismo?

O Jainismo, uma das tradições religiosas e filosóficas mais antigas do mundo, emana das terras vibrantes e espiritualmente ricas da Índia Antiga. Muitas vezes mencionado em conjunto com o Budismo, com o qual compartilha raízes e certos valores, o Jainismo, no entanto, possui uma identidade distinta e uma profunda visão de mundo que o diferencia. Mas, o que exatamente é o Jainismo? Em sua essência, é um caminho, uma filosofia de vida e uma tradição religiosa que enfatiza a não-violência (Ahimsa) acima de tudo, buscando a libertação espiritual (Moksha) através da purificação da alma.

Para compreender o Jainismo, é crucial desvencilhar-se de concepções ocidentalizadas sobre religião e espiritualidade. Não é meramente um sistema de crenças teológicas ou rituais dogmáticos, mas sim um conjunto abrangente de princípios éticos, práticas ascéticas e uma cosmovisão que molda todos os aspectos da vida de seus praticantes. Imagine uma filosofia que coloca a responsabilidade individual no centro da jornada espiritual, onde cada ação, cada pensamento, cada palavra tem o poder de influenciar o caminho rumo à libertação. Essa é a essência do Jainismo.

Os valores centrais do Jainismo orbitam em torno do princípio da Ahimsa, a não-violência em todas as suas formas – física, verbal e mental. Não se trata apenas de evitar ferir fisicamente outros seres, mas de cultivar uma profunda compaixão por toda a vida, reconhecendo a alma (Jiva) presente em cada criatura, por menor que seja. Essa abrangente visão de não-violência permeia todos os aspectos da ética Jainista, desde a dieta vegetariana rigorosa até a busca por profissões que minimizem qualquer dano a outras formas de vida.

Paralelamente à Ahimsa, o ascetismo ocupa um lugar de destaque no Jainismo. A crença fundamental é que o apego ao mundo material e aos prazeres sensoriais obscurece a verdadeira natureza da alma e a mantém presa no ciclo de nascimento, morte e renascimento. Portanto, a prática ascética, que envolve a autodisciplina, o jejum, a meditação e a redução da posse de bens materiais, é vista como um meio essencial para purificar a alma do Karma, a substância sutil que se acumula através das ações e liga a alma ao mundo material.

O Jainismo também se distingue por sua epistemologia única, o Anekantavada, a doutrina da multiplicidade de perspectivas. Essa visão reconhece que a verdade absoluta é multifacetada e complexa, e que nenhuma perspectiva única pode apreendê-la completamente. Em vez de se apegar a dogmas rígidos, o Jainismo encoraja a humildade intelectual e a tolerância, incentivando a considerar diferentes pontos de vista e a evitar o julgamento precipitado. Essa abordagem epistemológica se reflete na lógica do

Syadvada, que utiliza a predicação condicional ("syat" – talvez, em certo sentido) para expressar a complexidade da realidade e evitar afirmações dogmáticas absolutas.

Originário da Índia Antiga, o Jainismo floresceu em um contexto cultural e religioso rico e diversificado. Sua emergência é muitas vezes situada no século VI a.C., contemporâneo ao surgimento do Budismo e de outras correntes de pensamento que desafiavam as ortodoxias religiosas da época. A figura central do Jainismo moderno é Mahavira, considerado o último Tirthankara, um "Construtor da Ponte" ou "Professor Iluminado" que revitalizou e sistematizou os ensinamentos Jainistas. No entanto, a tradição Jainista traça suas origens muito mais profundamente no passado, acreditando em uma sucessão de 24 Tirthankaras que teriam se manifestado ao longo de eras para guiar a humanidade no caminho da libertação.

Embora o Jainismo possa ser menos conhecido no Ocidente do que outras religiões orientais, sua relevância no mundo contemporâneo é inegável. Em uma era marcada por conflitos, violência, consumismo desenfreado e preocupações ambientais, os princípios Jainistas de não-violência, autodisciplina, respeito por toda a vida e busca pela verdade através de múltiplas perspectivas ressoam com uma urgência renovada. A mensagem Jainista oferece um caminho para a paz interior, a harmonia social e a sustentabilidade ambiental, valores cada vez mais essenciais para a sobrevivência e o bem-estar da humanidade e do planeta.

Ao longo deste livro, exploraremos em detalhes as diversas facetas do Jainismo, desde suas origens históricas e escrituras sagradas até sua filosofia, práticas, estilo de vida e relevância no mundo moderno. Mergulharemos nos princípios de Ahimsa, Anekantavada e Karma, desvendaremos o caminho ascético e contemplativo, e examinaremos as contribuições do Jainismo para a ética, a ecologia e a busca pela paz. Embarque nesta jornada conosco e descubra a profundidade e a beleza do Jainismo: o caminho da não-violência que floresceu na Índia e que continua a inspirar milhões de pessoas ao redor do mundo.

Capítulo 2
Origens do Jainismo

Para desvendar a história do Jainismo, somos levados a mergulhar nas profundezas do tempo, nas eras remotas da Índia Antiga, muito antes dos registros históricos que conhecemos. As origens do Jainismo se perdem nas brumas da pré-história, com teorias que apontam para raízes pré-védicas, sugerindo que essa tradição pode ser ainda mais antiga do que o próprio Hinduísmo e o sistema védico que o originou. Essa perspectiva fascinante nos convida a repensar a cronologia tradicional das religiões indianas e a considerar a possibilidade de um fluxo espiritual contínuo que precede as categorizações que impomos hoje.

Uma das teorias mais intrigantes sobre as origens do Jainismo reside na hipótese de uma tradição ascética autóctone da Índia, que floresceu antes da chegada dos povos indo-arianos e da cultura védica. Evidências arqueológicas, como selos e artefatos da Civilização do Vale do Indo (Harappa e Mohenjo-daro), revelam figuras em posturas meditativas e representações de animais reverenciados, que alguns estudiosos interpretam como precursores de conceitos e práticas Jainistas. Essas descobertas alimentam a especulação de que uma corrente de pensamento ascético e não-violenta já existia na Índia antes da formação do Hinduísmo védico, e que o Jainismo poderia ser herdeiro dessa tradição ancestral.

Ao contrastar o Jainismo com as outras correntes de pensamento da Índia Antiga, como o Budismo e o Hinduísmo, percebemos tanto paralelos quanto divergências significativas. É inegável que o Jainismo e o Budismo compartilham um terreno comum, emergindo no mesmo período histórico e geográfico, e ambos desafiando o sistema de castas e a autoridade dos rituais védicos. Ambas as tradições enfatizam a importância da não-violência, da ética e da busca pela libertação do ciclo de sofrimento. No entanto, suas abordagens e doutrinas divergem em pontos cruciais.

Enquanto o Budismo, em seu desenvolvimento inicial, focou no Caminho do Meio e em uma abordagem mais pragmática da prática espiritual, o Jainismo sempre se caracterizou por um ascetismo radical e uma ênfase na purificação extrema da alma. A doutrina Jainista da Alma (Jiva) como uma entidade individual, eterna e inerentemente pura, que está aprisionada pela matéria e pelo Karma, contrasta com a doutrina Budista do Não-Eu (Anatta), que nega a existência de uma alma substancial e permanente. Essa diferença fundamental na visão da alma influencia profundamente as práticas e os objetivos espirituais de cada tradição.

Em relação ao Hinduísmo, a relação é ainda mais complexa. Embora o Jainismo tenha se desenvolvido em um contexto cultural que também deu origem ao Hinduísmo, ele representa, em muitos aspectos, uma crítica e um desvio das práticas e crenças védicas. O Jainismo rejeita a autoridade dos Vedas, o sistema de castas, os sacrifícios rituais e a teologia politeísta do Hinduísmo védico. Em vez disso, propõe um caminho de autoliberação através do ascetismo e da não-violência, focado na purificação individual da alma e na busca pela iluminação. No entanto, ao longo da história, o Jainismo e o Hinduísmo coexistiram e interagiram, influenciando-se mutuamente em áreas como ética, filosofia e práticas devocionais.

Um conceito central para compreender as origens e a evolução do Jainismo é a figura dos Tirthankaras. Em Jainismo, acredita-se que o Dharma (o ensinamento e o caminho da justiça) é revelado em cada era por seres iluminados excepcionais, os Tirthankaras, que literalmente significam "Construtores da Ponte" ou "Aqueles que Atravessam o Rio". Eles são vistos como exemplos supremos de perfeição espiritual, tendo alcançado a libertação (Moksha) e mostrado o caminho para outros seguirem. A tradição Jainista reconhece 24 Tirthankaras em cada ciclo cósmico de tempo, sendo Rishabhanatha o primeiro e Mahavira o último Tirthankara desta era.

A importância dos Tirthankaras reside no fato de que eles não são considerados deuses ou avatares divinos, mas sim seres humanos que, através de seu próprio esforço e prática ascética, alcançaram a iluminação e se tornaram guias espirituais para a humanidade. Suas vidas e ensinamentos servem como modelos para os praticantes Jainistas, inspirando-os a seguir o caminho da não-violência, do ascetismo e da busca pela libertação. A crença em uma sucessão contínua de Tirthankaras ao longo do tempo também reforça a ideia de que o Dharma Jainista é eterno e universal, sempre disponível para aqueles que buscam a verdade.

As evidências arqueológicas e literárias das primeiras comunidades Jainistas nos fornecem pistas valiosas sobre a história inicial dessa tradição. Inscrições em rochas, pilares e estupas, datando dos séculos III e II a.C., mencionam monges e freiras Jainistas, indicando a existência de uma comunidade monástica organizada já em um período muito antigo. A arte Jainista primitiva, encontrada em sítios arqueológicos como Mathura e Sanchi, revela representações dos Tirthankaras e cenas da vida monástica, confirmando a presença e a influência do Jainismo em diferentes regiões da Índia.

No campo da literatura, os Agamas, as escrituras sagradas Jainistas, embora compiladas em sua forma escrita mais tardiamente, preservam tradições orais e ensinamentos que remontam aos tempos de Mahavira e possivelmente a períodos ainda mais antigos. Esses textos canônicos oferecem um vislumbre da doutrina, da ética, das práticas e da organização da comunidade Jainista primitiva. Referências ao Jainismo também podem ser encontradas em outras fontes literárias da Índia Antiga, como textos Budistas e Hinduístas, que, embora muitas vezes apresentem perspectivas externas e por vezes críticas, corroboram a antiguidade e a relevância do Jainismo no panorama religioso da época.

Em suma, as origens históricas do Jainismo permanecem envoltas em mistério e debate, mas as evidências disponíveis apontam para uma tradição rica e complexa, com raízes profundas na Índia Antiga. Seja como herdeiro de uma tradição pré-védica, como um movimento de reforma dentro do contexto védico, ou como uma corrente de pensamento original que emergiu no século VI a.C., o Jainismo se estabeleceu como uma força espiritual e filosófica duradoura, moldando a cultura Indiana e oferecendo um caminho singular para a libertação espiritual. Nos próximos capítulos, continuaremos a explorar a fascinante jornada do Jainismo, aprofundando-nos na vida de Mahavira, nas escrituras sagradas e nos princípios fundamentais que definem essa antiga e relevante tradição.

Capítulo 3
O Último Tirthankara

No vasto panorama da história Jainista, a figura de Mahavira emerge com um brilho singular, como o último Tirthankara desta era, o 24º da linhagem. Enquanto os Tirthankaras anteriores se perdem nas brumas do tempo mítico, a vida de Mahavira está mais firmemente ancorada em um contexto histórico, permitindo-nos traçar um perfil biográfico mais detalhado e compreender o impacto transformador de sua existência e ensinamentos. Nascido como um príncipe, Mahavira renunciou à riqueza e ao poder para abraçar um caminho ascético radical, alcançando a iluminação e revitalizando o Dharma Jainista para as eras vindouras.

O contexto histórico e social do nascimento de Mahavira é crucial para compreender a singularidade de sua jornada. Ele nasceu no século VI a.C., em uma época de efervescência intelectual e religiosa na Índia Antiga. Este foi o período em que novas correntes de pensamento desafiavam as tradições védicas, questionando o sistema de castas, os rituais sacrificiais e a busca por recompensas materiais. O Budismo também florescia nessa mesma época, e outras seitas ascéticas e filosóficas surgiam, buscando caminhos alternativos para a libertação espiritual. Nesse cenário de transformação e questionamento, o Jainismo, sob a liderança de Mahavira, encontrou um terreno fértil para se desenvolver e disseminar seus ensinamentos.

A tradição Jainista relata que Mahavira nasceu em Kundagrama, perto de Vaishali, na região de Bihar, na Índia, em uma família Kshatriya (casta guerreira). Seu nome de nascimento era Vardhamana, que significa "o que aumenta" ou "o próspero", refletindo as expectativas de grandeza que cercavam seu nascimento. Seu pai, Siddhartha, era o chefe de um clã chamado Jnatrika, e sua mãe, Trishala, era irmã do rei Chetaka de Vaishali. Portanto, Mahavira nasceu em um ambiente de nobreza e privilégio, destinado a uma vida de poder e conforto material.

No entanto, desde cedo, Vardhamana demonstrou uma inclinação para a introspecção e a renúncia. Diferente de outros jovens nobres, ele não se sentia atraído pelos prazeres da vida palaciana, pelos jogos, pela caça ou pela busca por poder político. Em vez disso, buscava a solidão, a meditação e a contemplação, questionando o sentido da vida e o sofrimento inerente à existência humana. Essa profunda inquietação espiritual o impedia de se contentar com a vida mundana e o impulsionava em direção a uma busca mais profunda.

Aos trinta anos de idade, após a morte de seus pais, Vardhamana tomou a decisão radical de renunciar ao mundo material. Em um ato de coragem e desapego, ele abandonou sua vida de príncipe, sua família, suas riquezas e todos os confortos materiais para se tornar um monge asceta. Essa renúncia não foi um ato impulsivo, mas sim o resultado de uma profunda reflexão e de um desejo sincero de encontrar a verdade e a libertação. A tradição Jainista descreve esse evento como Diksha, a iniciação monástica, um momento crucial na vida de Mahavira e no desenvolvimento do Jainismo.

O período de ascetismo e busca espiritual intensa que se seguiu à renúncia foi marcado por doze anos de rigorosa autodisciplina, meditação profunda e extrema austeridade. Mahavira vagou como um asceta errante, desprovido de bens materiais, roupas ou abrigo fixo. Ele praticava o jejum prolongado, muitas vezes abstendo-se de comida e água por dias ou semanas seguidas. Ele suportava as intempéries, o calor escaldante do verão indiano e o frio cortante do inverno, sem buscar refúgio ou proteção. Ele enfrentava a hostilidade de pessoas ignorantes e as picadas de insetos, sem revidar ou se irritar.

Durante esse período de ascetismo extremo, Mahavira praticava a Ahimsa em sua forma mais radical. Ele evitava ferir qualquer forma de vida, por menor que fosse, em pensamento, palavra ou ação. Ele caminhava com cuidado para não pisar em insetos, usava um pano sobre a boca para não engolir microorganismos no ar e varria o chão à sua frente para evitar machucar qualquer criatura. Essa prática meticulosa da não-violência se tornou uma marca distintiva do ascetismo Jainista e um exemplo inspirador para seus seguidores.

Após doze anos de intensa prática ascética e meditação profunda, Mahavira alcançou a iluminação suprema, o Kevala Jnana, o conhecimento perfeito e infinito. Esse momento transcendental marcou o fim de sua busca espiritual e o início de sua missão como um Tirthankara, um guia iluminado para a humanidade. A tradição Jainista descreve a iluminação de Mahavira como um evento cósmico, acompanhado por sinais e prodígios, indicando a importância e a singularidade de sua realização.

Após a iluminação (Kevala Jnana), Mahavira iniciou sua pregação, dedicando o resto de sua vida a compartilhar seus ensinamentos e a mostrar o caminho da libertação para outros. Ele viajou por diversas regiões da Índia, ensinando em linguagem simples e acessível, atraindo seguidores de todas as classes sociais, incluindo reis, nobres, comerciantes, artesãos e pessoas humildes. Sua mensagem central era o caminho da Ahimsa, da autodisciplina e da purificação da alma como meios para alcançar a libertação do sofrimento e do ciclo de reencarnação.

Para disseminar seus ensinamentos de forma eficaz, Mahavira organizou a sangha, a comunidade monástica Jainista, composta por monges (Sadhu) e freiras (Sadhvi). Ele estabeleceu regras e diretrizes para a vida monástica, enfatizando a Ahimsa, a verdade, a não-cobiça, a castidade e o desapego. A sangha se tornou o núcleo da tradição Jainista, preservando e transmitindo os ensinamentos de Mahavira ao longo dos séculos. Além da comunidade monástica, Mahavira também atraiu um grande número de leigos e leigas (Shravaka e Shravika), que seguiam os princípios Jainistas em suas vidas cotidianas, praticando os Anuvratas, os votos menores adaptados à vida laica.

O legado de Mahavira é imenso e duradouro. Ele é reverenciado como o último Tirthankara, o guia espiritual que revitalizou e sistematizou o Jainismo para a presente era. Seus ensinamentos sobre a Ahimsa, a autodisciplina, a não-possessividade, o Anekantavada e a busca pela libertação continuam a inspirar milhões de pessoas ao redor do mundo. A sangha Jainista, fundada por Mahavira, floresceu ao longo dos séculos, preservando a tradição e disseminando seus valores. O Jainismo, como o conhecemos hoje, é em grande parte o resultado da vida, dos ensinamentos e do legado transformador de Mahavira, o último Tirthankara, o leão espiritual que rugiu a mensagem da não-violência e da libertação para toda a humanidade.

Capítulo 4
Escrituras Jainistas

Para além da vida exemplar de Mahavira, a tradição Jainista legou ao mundo um corpo vasto e complexo de escrituras sagradas, conhecidas como Agamas. Estas escrituras, que se traduzem literalmente como "aquilo que veio da tradição" ou "aquilo que foi transmitido", representam a própria espinha dorsal do Jainismo, a fonte primária de seus ensinamentos, doutrinas, práticas e história. Os Agamas não são apenas textos religiosos no sentido convencional, mas sim a expressão codificada do Dharma Jainista, o caminho da justiça e da libertação revelado pelos Tirthankaras e preservado ao longo das gerações.

O conceito fundamental por trás dos Agamas é o Shruta Jnana, o "conhecimento ouvido" ou "conhecimento transmitido oralmente". Na tradição Jainista, acredita-se que os ensinamentos dos Tirthankaras foram originalmente transmitidos oralmente por seus discípulos diretos, os Gandharas e os Shrutakevalins. Esses seres iluminados possuíam a capacidade de memorizar e transmitir fielmente as palavras dos Tirthankaras, garantindo a pureza e a autenticidade da tradição. Por séculos, o Shruta Jnana foi preservado oralmente, recitado, memorizado e transmitido de mestre para discípulo, formando a base da tradição Jainista.

A formação do cânon Jainista, ou seja, a compilação dos Agamas em forma escrita, é um processo complexo e multifacetado, que se estendeu por vários séculos. Embora a tradição oral tenha sido primordial nos primeiros séculos do Jainismo, a necessidade de preservar os ensinamentos em face das vicissitudes do tempo e das potenciais perdas de memória levou à gradual escrita dos Agamas. O processo de canonização não foi linear ou unificado, e diferentes seitas Jainistas, como os Digambaras e os Svetambaras, acabaram desenvolvendo cânones escriturísticos distintos, refletindo as particularidades de suas tradições e interpretações.

Para os Svetambaras, a seita Jainista "vestida de branco", o cânon Agama completo consiste em 45 textos, divididos em diversas categorias. As principais divisões dos Agamas Svetambaras são os Angas, os Upangas, os Prakirnakas, os Chedasutras, os Mulasutras e os Anuyogadvaras. Os Angas (membros) são considerados os textos mais antigos e importantes, contendo os ensinamentos essenciais de Mahavira. Os Upangas (membros secundários) expandem e complementam os ensinamentos dos Angas. Os Prakirnakas (textos diversos) abordam uma variedade de tópicos doutrinários e práticos. Os Chedasutras (textos disciplinares) tratam das regras e regulamentos para a vida monástica. Os Mulasutras (textos raiz) fornecem os fundamentos da doutrina e da prática Jainista. E os Anuyogadvaras (portas de entrada para a exposição) oferecem métodos para a interpretação e o estudo dos Agamas.

Os Digambaras, a seita Jainista "vestida de céu", possuem uma visão diferente sobre o cânon Agama. Eles acreditam que os Agamas originais, os Purvas (textos antigos), foram perdidos há muito tempo, e que os textos atualmente disponíveis, conhecidos como Angabahyas (externos aos Angas), são de autoridade secundária. No entanto, os Digambaras também reverenciam um conjunto de escrituras importantes, como os Shatkhandagama, os Kashayapahuda, os Samayasara, os Pravachanasara e os Niyamasara, que consideram como preservando a essência dos ensinamentos Jainistas. A divergência nos cânones escriturísticos entre Svetambaras e Digambaras reflete as diferenças históricas e doutrinárias que surgiram ao longo do tempo entre as duas seitas.

As línguas sagradas dos Agamas são principalmente o Ardhamagadhi e o Sânscrito. O Ardhamagadhi, uma forma antiga do Prácrito, era a língua vernacular falada na região de Magadha, onde Mahavira pregou e onde o Jainismo floresceu inicialmente. Acredita-se que Mahavira tenha ensinado em Ardhamagadhi para alcançar o público comum e tornar seus ensinamentos acessíveis a todos. Posteriormente, o Sânscrito, a língua clássica da Índia, também foi utilizado na composição e na interpretação dos Agamas, especialmente em comentários e obras filosóficas. O uso de ambas as línguas reflete a diversidade cultural e linguística do contexto em que o Jainismo se desenvolveu.

A interpretação e a importância das escrituras na prática Jainista são temas complexos e multifacetados. Os Agamas não são vistos como textos dogmáticos ou inflexíveis, mas sim como guias para a prática espiritual e a compreensão do Dharma. A tradição Jainista reconhece a necessidade de interpretação (Niryukti) para compreender o significado profundo dos Agamas, levando em consideração o contexto histórico, cultural e doutrinário. Comentários extensos foram escritos ao longo dos séculos por eruditos Jainistas, buscando elucidar os ensinamentos dos Agamas e torná-los relevantes para as diferentes épocas e contextos.

A importância das escrituras na vida Jainista é multifacetada. Os Agamas servem como fonte de autoridade doutrinária, definindo os princípios fundamentais do Jainismo, como a Ahimsa, o Karma, o Moksha e o Anekantavada. Eles fornecem orientação ética para a conduta moral, tanto para monges e freiras quanto para leigos e leigas. Eles oferecem práticas espirituais como a meditação, o ascetismo, o estudo e a devoção, como meios para a purificação da alma e a busca pela libertação. Eles também narram a história dos Tirthankaras e da comunidade Jainista, transmitindo a herança cultural e religiosa da tradição.

O estudo dos Agamas (Agama Adhyayana) é considerado uma prática espiritual meritória em si mesma. Os Jainistas são encorajados a ler, ouvir, recitar, memorizar e contemplar as escrituras, buscando aprofundar sua compreensão do Dharma e fortalecer sua fé. O estudo dos Agamas não é apenas um exercício intelectual, mas sim uma forma de imersão na sabedoria dos Tirthankaras, um meio de se conectar com a tradição e de receber inspiração e orientação para a jornada espiritual. Os Agamas são vistos como um tesouro inestimável, um farol que ilumina o caminho para a libertação e que oferece um guia seguro para aqueles que buscam a verdade e a paz interior.

Em resumo, as escrituras Jainistas, os Agamas, representam um legado precioso da tradição, a voz dos Tirthankaras ecoando através dos séculos. Sua formação complexa, suas diversas divisões, suas línguas sagradas e sua rica história de interpretação refletem a profundidade e a vitalidade do Jainismo. Os Agamas não são apenas textos antigos, mas sim fontes vivas de sabedoria e orientação, que continuam a inspirar e a guiar os praticantes Jainistas no caminho da não-violência, da autodisciplina e da busca pela libertação espiritual. No próximo capítulo, exploraremos os princípios centrais do Jainismo, as Três Jóias e os Cinco Grandes Votos, que derivam diretamente dos ensinamentos dos Agamas e que formam a base da ética e da prática Jainista.

Capítulo 5
Princípios Centrais do Jainismo

No coração pulsante da tradição Jainista reside um conjunto de princípios centrais que atuam como bússola e guia na jornada espiritual rumo à libertação. Estes princípios, elegantemente sintetizados nas Três Jóias (Ratnatraya) e nos Cinco Grandes Votos (Mahavratas), oferecem um mapa claro e um caminho prático para a purificação da alma, a superação do sofrimento e a conquista da paz interior. Eles não são meros dogmas ou regras arbitrárias, mas sim os pilares fundamentais da ética e da prática Jainista, interconectados e interdependentes, formando um sistema coerente e abrangente para a transformação espiritual.

As Três Jóias (Ratnatraya), também conhecidas como os "Três Caminhos da Libertação", representam os fundamentos essenciais para a jornada espiritual Jainista. Elas são: Visão Correta (Samyak Darshana), Conhecimento Correto (Samyak Jnana) e Conduta Correta (Samyak Charitra). Estas três jóias não são entidades separadas, mas sim facetas interdependentes de um mesmo caminho, complementando-se e reforçando-se mutuamente. Assim como uma joia multifacetada brilha em diferentes direções, as Três Jóias iluminam o caminho espiritual Jainista de diferentes perspectivas, conduzindo o praticante à verdadeira realização.

A Visão Correta (Samyak Darshana) é o ponto de partida, a base sobre a qual as outras jóias se apoiam. Refere-se à fé racional e à convicção nos princípios fundamentais do Jainismo, como a existência da alma (Jiva), a lei do Karma, a possibilidade da libertação (Moksha) e a validade do caminho Jainista para alcançá-la. Não se trata de uma fé cega ou dogmática, mas sim de uma compreensão intelectual e intuitiva da verdade Jainista, baseada no estudo, na reflexão e na experiência. A Visão Correta implica em ver o mundo e a si mesmo de acordo com a perspectiva Jainista, reconhecendo a realidade da alma, do Karma e do ciclo de reencarnação, e aspirando à libertação como o objetivo último da vida.

O Conhecimento Correto (Samyak Jnana) é a segunda jóia, que se desenvolve a partir da Visão Correta. Refere-se ao entendimento correto e preciso da doutrina Jainista, obtido através do estudo das escrituras (Agamas), do aprendizado com mestres espirituais e da contemplação. O Conhecimento Correto não é meramente a acumulação de informações intelectuais, mas sim a compreensão profunda e vivencial dos princípios Jainistas, que se traduz em sabedoria e discernimento. Inclui o conhecimento sobre a natureza da alma, do Karma, dos estágios da jornada espiritual (Gunasthanas), das práticas ascéticas e do caminho para a libertação. O Conhecimento Correto capacita o praticante a discernir o certo do errado, a tomar decisões éticas e a trilhar o caminho espiritual com clareza e propósito.

A Conduta Correta (Samyak Charitra) é a terceira jóia, a culminação das duas anteriores. Refere-se à prática ética e moral em conformidade com os princípios Jainistas, especialmente a Ahimsa (não-violência). A Conduta Correta abrange todos os aspectos da vida, desde as ações físicas e verbais até os pensamentos e intenções. Implica em viver de acordo com os votos Jainistas, praticar o ascetismo, a meditação, a autodisciplina e cultivar virtudes como a compaixão, a honestidade, a não-cobiça e o desapego. A Conduta Correta é o lado prático da jornada espiritual, a aplicação concreta dos princípios Jainistas na vida cotidiana, visando a purificação do Karma e o progresso rumo à libertação.

As Três Jóias se manifestam concretamente nos Cinco Grandes Votos (Mahavratas), que representam os preceitos éticos fundamentais para monges e freiras Jainistas, aqueles que renunciaram completamente à vida mundana e se dedicaram integralmente ao caminho espiritual. Estes cinco votos são: Ahimsa (Não-Violência), Satya (Verdade), Asteya (Não-Roubar), Brahmacharya (Castidade) e Aparigraha (Não-Possessividade). Eles representam a expressão máxima da ética Jainista e um guia rigoroso para a conduta moral e espiritual.

Ahimsa (Não-Violência), como já mencionado, é a pedra angular da ética Jainista. O Primeiro Grande Voto exige a não-violência absoluta em pensamento, palavra e ação, em relação a todos os seres vivos, desde os maiores animais até os menores microorganismos. Para os monges e freiras, isso significa um compromisso extremo com a não-violência, evitando qualquer forma de dano ou sofrimento a qualquer criatura. Eles seguem regras estritas em sua dieta, em seus movimentos e em suas interações com o mundo, buscando minimizar ao máximo qualquer impacto negativo sobre outras formas de vida.

Satya (Verdade), o Segundo Grande Voto, exige a veracidade absoluta em todas as situações. Significa abster-se de mentir, enganar, distorcer a verdade ou usar a linguagem de forma prejudicial. Para os ascetas Jainistas, a busca pela verdade é fundamental, e a palavra deve ser usada com cuidado e responsabilidade, sempre buscando a clareza, a honestidade e a não-violência na comunicação.

Asteya (Não-Roubar), o Terceiro Grande Voto, exige a abstensão completa de roubar ou de se apropriar de algo que não foi dado livremente. Para os monges e freiras, isso significa não apenas evitar o roubo no sentido convencional, mas também não aceitar nada que não seja oferecido espontaneamente, vivendo com simplicidade e contentamento com o que é essencial para a sobrevivência.

Brahmacharya (Castidade), o Quarto Grande Voto, exige a abstensão total da atividade sexual e a prática do celibato absoluto. Para os ascetas Jainistas, a energia sexual é vista como uma força poderosa que pode desviar a mente da busca espiritual e criar apego ao mundo material. O Brahmacharya visa a canalizar essa energia para a prática espiritual, promovendo a pureza mental e a autodisciplina.

Aparigraha (Não-Possessividade), o Quinto Grande Voto, exige o desapego completo de bens materiais e a redução da posse ao mínimo essencial. Para os monges e freiras, isso significa viver sem posses, dependendo da caridade dos leigos para as necessidades básicas como alimento, vestuário e abrigo. A Aparigraha visa a superar o apego ao mundo material, reconhecendo que a verdadeira riqueza reside na alma e não nas posses externas.

Para os leigos e leigas (Shravakas e Shravikas), que vivem no mundo e não renunciaram à vida familiar e profissional, são prescritos os Cinco Votos Menores (Anuvratas). Estes votos representam uma adaptação dos Cinco Grandes Votos para a vida laica, permitindo que os praticantes Jainistas sigam os princípios éticos em seu contexto cotidiano, sem o rigor extremo do monasticismo. Os Anuvratas são Ahimsa Anuvrata (Não-Violência Menor), Satya Anuvrata (Verdade Menor), Asteya Anuvrata (Não-Roubar Menor), Brahmacharya Anuvrata (Castidade Menor) e Aparigraha Anuvrata (Não-Possessividade Menor). Embora menos rigorosos que os Mahavratas, os Anuvratas representam um compromisso sério com a ética Jainista e um caminho gradual para a purificação e o progresso espiritual na vida laica.

Em suma, as Três Jóias e os Cinco Grandes Votos (e Anuvratas) constituem o núcleo da ética e da prática Jainista. Eles representam um sistema interconectado de princípios que visam a transformação completa do indivíduo, desde a visão de mundo e o conhecimento intelectual até a conduta moral e as práticas espirituais.

Ao seguir este caminho, os Jainistas buscam purificar suas almas do Karma, superar o sofrimento e alcançar a libertação final (Moksha), o estado de paz, bem-aventurança e conhecimento infinitos. Nos próximos capítulos, exploraremos em profundidade cada um desses princípios, desvendando suas nuances e implicações para a vida Jainista e para o mundo contemporâneo.

Capítulo 6
A Pedra Angular da Ética Jainista

Se existe um princípio que define e permeia o Jainismo em sua totalidade, esse princípio é, sem dúvida, a Ahimsa, a não-violência. Mais do que um mero preceito ético, a Ahimsa ascende ao status de pedra angular, o alicerce sobre o qual toda a estrutura moral, espiritual e prática do Jainismo é construída. Não se trata apenas de uma recomendação para evitar a violência, mas sim de um imperativo absoluto, um compromisso inabalável com a não-agressão e o respeito por toda e qualquer forma de vida, em todas as dimensões da existência. Compreender a profundidade e a abrangência da Ahimsa é essencial para adentrar o universo Jainista e vislumbrar sua singular contribuição para a ética e a espiritualidade mundial.

A definição e abrangência do conceito de Ahimsa no Jainismo ultrapassam em muito a compreensão superficial da não-violência física. Ahimsa não se limita a evitar atos de agressão física contra outros seres humanos ou animais. Abrange, de forma crucial, a não-violência verbal e mental. De fato, o Jainismo enfatiza que a violência pode se manifestar em três níveis distintos: através do corpo (física), da palavra (verbal) e do pensamento (mental). Cada um desses níveis é igualmente importante e interconectado, e o verdadeiro praticante de Ahimsa busca cultivar a não-violência em todas as três dimensões.

A não-violência física (Kayik Ahimsa) refere-se à abstenção de qualquer ato que cause dano físico, sofrimento ou morte a qualquer ser vivo. Isso inclui não apenas atos diretos de violência, como agressão física ou assassinato, mas também ações indiretas que possam resultar em dano, como a exploração de animais, a destruição do meio ambiente ou a negligência com o bem-estar de outras criaturas. O vegetarianismo rigoroso Jainista, por exemplo, é uma expressão direta da Kayik Ahimsa, buscando evitar qualquer participação na violência inerente à produção de carne e outros produtos de origem animal.

A não-violência verbal (Vachik Ahimsa) diz respeito ao uso da linguagem de forma pacífica, honesta e construtiva. Implica em evitar palavras que possam ferir, insultar, difamar, enganar ou causar sofrimento emocional a outros. A Vachik Ahimsa encoraja a comunicação compassiva, gentil e verdadeira, buscando sempre a harmonia, o entendimento mútuo e a resolução pacífica de conflitos. O silêncio, em certas situações, pode ser considerado uma forma de Vachik Ahimsa, quando falar possa gerar discórdia ou violência.

A não-violência mental (Manasik Ahimsa), talvez a dimensão mais sutil e desafiadora da Ahimsa, refere-se à purificação da mente de pensamentos violentos, agressivos, odiosos ou prejudiciais. Implica em cultivar a benevolência, a compaixão, a empatia e o amor em relação a todos os seres. A Manasik Ahimsa busca erradicar as raízes da violência na própria mente, reconhecendo que os pensamentos são os precursores das palavras e das ações. A meditação e a autodisciplina mental são práticas essenciais para cultivar a Manasik Ahimsa e transformar a mente em um instrumento de paz e harmonia.

A base filosófica da Ahimsa no Jainismo reside no conceito de Jiva. Jiva, em Jainismo, refere-se à alma individual, a consciência pura e eterna que anima todos os seres vivos. A crença fundamental é que todos os seres vivos, desde os seres humanos até os menores microorganismos, possuem Jiva e, portanto, possuem a mesma capacidade de sentir dor, sofrimento e alegria. Essa visão de unidade e interconexão de toda a vida fundamenta o respeito Jainista por todas as formas de vida e o imperativo da Ahimsa.

Ahimsa como respeito a todas as formas de vida (Jiva) significa reconhecer a sacralidade e a dignidade inerente a cada criatura viva. Não se trata de hierarquizar as formas de vida ou de considerar algumas mais valiosas do que outras. Para o Jainista, toda vida é preciosa e merece ser protegida e respeitada. Essa visão abrangente da vida se estende não apenas aos animais, mas também às plantas, aos insetos, aos microorganismos e até mesmo aos elementos da natureza, como a água e o ar, que são considerados como possuindo formas sutis de Jiva. Essa profunda reverência pela vida é o que motiva o vegetarianismo radical, as práticas ascéticas e o estilo de vida Jainista.

As implicações práticas de Ahimsa na vida diária são vastas e abrangentes. Elas permeiam todos os aspectos da existência Jainista, desde a alimentação e a profissão até o comportamento e as relações sociais. Na alimentação, a Ahimsa se manifesta no vegetarianismo rigoroso, que exclui carne, peixe, ovos e, em algumas tradições Jainistas, até mesmo raízes e tubérculos, por considerá-los como envolvendo a morte ou o sofrimento de seres vivos. A dieta Jainista é baseada em grãos, legumes, frutas, verduras e laticínios (para aqueles que não seguem o vegetarianismo vegano), buscando minimizar ao máximo o impacto sobre outras formas de vida.

Na profissão, os Jainistas são encorajados a escolher atividades que sejam compatíveis com o princípio da Ahimsa, evitando profissões que envolvam violência, exploração de animais, ou dano ao meio ambiente. Profissões como a medicina, o ensino, o serviço social, as artes e o comércio justo são vistas como mais alinhadas com os valores Jainistas do que profissões como a caça, a pesca, o abate de animais, a produção de armas ou atividades que causem poluição e destruição ambiental.

No comportamento cotidiano, a Ahimsa se expressa na gentileza, na compaixão, na honestidade, na tolerância e no respeito em relação a todos os seres. Os Jainistas são encorajados a evitar a raiva, o ódio, o ciúme, o orgulho e outras emoções negativas que possam levar à violência. Eles buscam cultivar a paciência, a humildade, a generosidade e a empatia, procurando sempre o bem-estar e a felicidade de todos.

Ahimsa e a compaixão universal (Karuna) são conceitos intrinsecamente ligados no Jainismo. Ahimsa não é apenas a ausência de violência, mas também a presença ativa da compaixão e do amor por todos os seres. Karuna, a compaixão universal, é a emoção que surge naturalmente da compreensão da interconexão de toda a vida e do reconhecimento do sofrimento alheio como nosso próprio sofrimento. A compaixão Jainista não se limita aos seres humanos, mas se estende a todos os seres vivos, sem distinção. Ela motiva a ação altruísta, o serviço desinteressado e a busca pelo alívio do sofrimento em todas as suas formas.

Finalmente, a Ahimsa como caminho para a paz interior e exterior revela sua profunda relevância tanto no plano individual quanto no coletivo. Ao cultivar a não-violência em todas as dimensões da vida, o praticante Jainista busca alcançar a paz interior, a serenidade mental e a libertação do ciclo de sofrimento. A Ahimsa purifica a mente das emoções negativas, acalma as paixões e promove a harmonia interior. Ao mesmo tempo, a Ahimsa contribui para a paz exterior, a construção de uma sociedade mais justa, pacífica e sustentável. A mensagem da não-violência Jainista ressoa com urgência em um mundo marcado por conflitos, guerras e desigualdades, oferecendo um caminho para a transformação pessoal e social, rumo a um futuro de paz e harmonia universal.

Em resumo, a Ahimsa Jainista é muito mais do que a simples ausência de violência. É um princípio ético abrangente e profundo, um caminho espiritual completo que permeia todos os aspectos da vida. Ao abraçar a Ahimsa em sua totalidade, o Jainista busca purificar sua alma, cultivar a compaixão universal e contribuir para a paz interior e exterior. A Ahimsa, a pedra angular da ética Jainista, é um farol de esperança em um mundo conturbado, um convite à transformação pessoal e social, e um caminho para a realização da verdadeira natureza humana: a natureza da paz, do amor e da não-violência.

Capítulo 7
A Epistemologia Jainista

No intrincado edifício filosófico do Jainismo, erguem-se dois pilares epistemológicos que conferem singularidade e profundidade à sua visão de mundo: Anekantavada e Syadvada. Estes conceitos, intrinsecamente ligados e complementares, representam a abordagem Jainista para a compreensão da realidade, do conhecimento e da verdade. Longe de dogmatismos e afirmações absolutas, o Jainismo, através do Anekantavada e Syadvada, propõe uma epistemologia relativista, aberta e tolerante, reconhecendo a complexidade inerente à existência e a limitação da perspectiva humana para apreendê-la em sua totalidade. Explorar estes conceitos é adentrar o cerne da filosofia Jainista e desvendar sua visão única sobre a natureza do conhecimento e da verdade.

Anekantavada, que se traduz como "doutrina da não-unilateralidade" ou "doutrina da multiplicidade de aspectos", é o princípio Jainista do relativismo metafísico e epistemológico. Em sua essência, o Anekantavada afirma que a realidade é multifacetada, complexa e possui inúmeros aspectos. Nenhum objeto, evento ou conceito pode ser compreendido em sua totalidade a partir de uma única perspectiva, pois a verdade é relativa ao ponto de vista, ao tempo, ao lugar e às circunstâncias. Essa doutrina desafia a visão linear e dualista da realidade, propondo uma compreensão mais rica e matizada, que reconhece a diversidade e a interconexão de todos os fenômenos.

A implicação fundamental do Anekantavada é a relatividade da verdade. Para o Jainismo, não existe uma verdade absoluta, única e imutável, acessível a uma única perspectiva. A verdade é sempre parcial, relativa e dependente do ponto de vista do observador. Cada perspectiva revela apenas um aspecto da realidade, e a compreensão completa da verdade requer a integração de múltiplas perspectivas, a consideração de diferentes ângulos e a superação da visão unilateral. Essa relatividade da verdade não implica em ceticismo ou niilismo, mas sim em humildade epistemológica e tolerância intelectual.

Syadvada, a "doutrina do 'Syat'", ou "doutrina da predicação condicional", é a expressão lógica e linguística do Anekantavada. Syat, em sânscrito, significa "talvez", "possivelmente", "em certo sentido". O Syadvada propõe que todas as afirmações sobre a realidade devem ser qualificadas com o advérbio "Syat", indicando que são apenas parcialmente verdadeiras, válidas apenas sob certas condições e perspectivas. Essa lógica da predicação condicional visa evitar afirmações dogmáticas e absolutas, reconhecendo a limitação da linguagem e da mente humana para expressar a complexidade da realidade.

O Syadvada se manifesta na forma da Saptabhangi, a "lógica das sete predicações" ou "sete modos de predicação". A Saptabhangi é um sistema lógico que utiliza sete proposições para expressar a complexidade de qualquer afirmação sobre a realidade, considerando as diferentes perspectivas e possibilidades. As sete proposições são:

Syat asti: "Em certo sentido, é" (Afirmação da existência sob uma perspectiva).

Syat nasti: "Em certo sentido, não é" (Negação da existência sob outra perspectiva).

Syat asti ca nasti ca: "Em certo sentido, é e não é" (Afirmação e negação simultâneas sob diferentes perspectivas).

Syat avaktavyam: "Em certo sentido, é indescritível" (Inexpressibilidade total sob uma perspectiva).

Syat asti ca avaktavyam ca: "Em certo sentido, é e é indescritível" (Afirmação e inexpressibilidade simultâneas sob diferentes perspectivas).

Syat nasti ca avaktavyam ca: "Em certo sentido, não é e é indescritível" (Negação e inexpressibilidade simultâneas sob diferentes perspectivas).

Syat asti ca nasti ca avaktavyam ca: "Em certo sentido, é, não é e é indescritível" (Afirmação, negação e inexpressibilidade simultâneas sob diferentes perspectivas).

A Saptabhangi não deve ser interpretada como uma forma de confusão ou indecisão, mas sim como uma ferramenta para a análise profunda e multifacetada da realidade. Ao utilizar a lógica condicional do Syadvada, o Jainismo busca evitar o dogmatismo, a rigidez e a visão unilateral, promovendo a flexibilidade mental, a abertura à diferentes perspectivas e a compreensão da complexidade inerente à verdade.

Para auxiliar na aplicação do Anekantavada e do Syadvada, o Jainismo utiliza o Nayavada, a "doutrina dos pontos de vista" ou "doutrina das perspectivas parciais". Naya significa "ponto de vista", "perspectiva", "ângulo de visão". O Nayavada reconhece que existem inúmeros pontos de vista possíveis para se abordar qualquer realidade, cada um revelando um aspecto particular e parcial da verdade. Ao utilizar o Nayavada, o Jainismo nos convida a considerar diferentes perspectivas antes de formar um julgamento ou chegar a uma conclusão, reconhecendo que nenhuma perspectiva única é suficiente para apreender a totalidade da verdade.

O Nayavada classifica os pontos de vista em diversas categorias, como o Dravyarthikanaya (ponto de vista substancial), que foca na substância ou essência permanente de um objeto, e o Paryayarthikanaya (ponto de vista modal), que foca nas qualidades mutáveis e nos modos de um objeto. Ao considerar ambos os pontos de vista, por exemplo, podemos compreender que uma alma (Jiva) é substancialmente eterna e imutável (Dravyarthikanaya), mas também se manifesta através de diferentes estados e qualidades mutáveis (Paryayarthikanaya) ao longo do ciclo de reencarnação. O Nayavada nos ajuda a evitar a visão reducionista e unilateral, integrando diferentes perspectivas para uma compreensão mais completa e equilibrada.

A importância da humildade intelectual e da tolerância na filosofia Jainista deriva diretamente do

Anekantavada e do Syadvada. Ao reconhecer a relatividade da verdade e a limitação da perspectiva humana, o Jainismo promove uma postura de humildade intelectual, que reconhece que nosso conhecimento é sempre parcial e incompleto, e que estamos sempre sujeitos a erros e equívocos. Essa humildade intelectual nos leva à tolerância, ao respeito pelas diferentes opiniões e crenças, e à abertura ao diálogo e à aprendizagem com os outros. O Jainismo nos ensina a evitar o julgamento precipitado, a condenar as opiniões alheias e a nos apegar dogmaticamente às nossas próprias crenças, reconhecendo que a verdade pode se manifestar de diversas formas e em diferentes perspectivas.

Finalmente, o Anekantavada e o Syadvada como ferramentas para resolver conflitos e promover o diálogo revelam sua profunda relevância prática e social. Em um mundo marcado por conflitos ideológicos, religiosos e políticos, a epistemologia Jainista oferece um caminho para a compreensão mútua, a resolução pacífica de divergências e a construção de pontes entre diferentes perspectivas. Ao reconhecer que cada lado de um conflito pode ter uma parcela de verdade, que diferentes opiniões podem ser válidas sob diferentes pontos de vista, e que a verdade completa emerge do diálogo e da integração de múltiplas perspectivas, o Anekantavada e o Syadvada nos capacitam a superar o dogmatismo, a intolerância e a visão unilateral, promovendo a harmonia social, a cooperação e a busca por soluções consensuais.

Em resumo, o Anekantavada e o Syadvada, a epistemologia Jainista, representam uma contribuição singular para a filosofia e a espiritualidade mundial. Ao propor uma visão relativista da verdade, uma lógica condicional e o uso de múltiplas perspectivas, o Jainismo nos convida a superar o dogmatismo, a intolerância e a visão unilateral, cultivando a humildade intelectual, a tolerância, o diálogo e a busca por uma compreensão mais rica e completa da realidade. Estes princípios epistemológicos não são apenas abstrações filosóficas, mas sim ferramentas práticas para a vida cotidiana, que nos capacitam a construir relacionamentos mais harmoniosos, a resolver conflitos de forma pacífica e a trilhar o caminho espiritual com sabedoria, discernimento e abertura mental. No próximo capítulo, exploraremos a Teoria do Karma no Jainismo, desvendando a lei de causa e efeito espiritual que fundamenta a ética e a prática Jainista, e que se conecta profundamente com a epistemologia relativista do Anekantavada e Syadvada.

Capítulo 8
A Lei de Causa e Efeito Espiritual

No intricado sistema filosófico do Jainismo, a Teoria do Karma ocupa um lugar central, atuando como a engrenagem mestra que move a roda da existência, moldando as experiências de cada ser vivo e impulsionando a jornada espiritual rumo à libertação. Diferentemente de outras concepções de Karma presentes em outras tradições indianas, o Jainismo oferece uma visão singular e profundamente detalhada do Karma, não como um destino predeterminado ou uma força abstrata, mas sim como uma substância sutil, material e real, que se acumula na alma (Jiva) em resposta às ações, pensamentos e intenções de cada indivíduo. Desvendar a Teoria do Karma Jainista é crucial para compreender a ética, a prática ascética e o objetivo final da libertação (Moksha) dentro desta tradição.

O conceito de Karma como uma substância sutil é uma das características distintivas da teoria Jainista. Em Jainismo, Karma não é meramente uma lei moral de causa e efeito, mas sim uma entidade quase física, Pudgala (matéria) sutil, que se adere à alma, obscurecendo sua pureza inerente e aprisionando-a no ciclo de nascimento, morte e renascimento. Essa substância kármica é descrita como sendo extremamente fina e sutil, penetrando na alma e influenciando suas faculdades cognitivas, emocionais e volitivas. A metáfora frequentemente utilizada é a de poeira fina que se acumula em um espelho, obscurecendo sua capacidade de refletir a luz. Da mesma forma, o Karma obscurece a natureza pura e luminosa da alma, impedindo-a de manifestar seu potencial máximo.

Existem diferentes categorias de Karma no Jainismo, classificadas com base em seus efeitos e na forma como influenciam a alma. A principal distinção é entre Ghatiya Karma (Karmas Obstrutivos) e Aghatiya Karma (Karmas Não-Obstrutivos). Os Ghatiya Karmas são aqueles que obstruem as faculdades intrínsecas da alma, impedindo-a de manifestar seu conhecimento infinito, percepção infinita, bem-aventurança infinita e poder infinito. Existem quatro tipos principais de Ghatiya Karma:

Jnanavaraniya Karma (Karma que obscurece o conhecimento): Impede a alma de alcançar o Conhecimento Correto (Samyak Jnana), gerando ignorância e delusão.

Darshanavaraniya Karma (Karma que obscurece a percepção): Impede a alma de alcançar a Visão Correta (Samyak Darshana), gerando descrença e visão distorcida da realidade.

Mohaniya Karma (Karma que gera ilusão): Obscurece a capacidade da alma de experimentar a verdadeira bem-aventurança, gerando apego, aversão, paixões e emoções perturbadoras.

Antaraya Karma (Karma que obstrui o poder): Impede a alma de exercer seu poder inerente, gerando obstáculos e impedimentos na prática espiritual e na realização de ações meritórias.

Os Aghatiya Karmas, por outro lado, são Karmas não-obstrutivos, que afetam as condições externas da vida da alma, como o corpo, a duração da vida, as circunstâncias sociais e o prazer/sofrimento, mas não obstruem diretamente suas faculdades intrínsecas. Existem também quatro tipos principais de Aghatiya Karma:

Vedaniya Karma (Karma que causa experiência): Responsável pelas experiências de prazer e sofrimento, gerando sensações agradáveis e desagradáveis.

Ayu Karma (Karma que determina a duração da vida): Define o tempo de vida em cada encarnação, determinando o período de existência em um determinado corpo.

Nama Karma (Karma que define a individualidade): Responsável pela formação do corpo físico, suas características, habilidades e predisposições, conferindo individualidade e forma a cada ser.

Gotra Karma (Karma que determina o status social): Define as circunstâncias sociais de nascimento, família, casta, riqueza e posição social, influenciando o ambiente de vida e as oportunidades disponíveis.

Os mecanismos de ligação (Bandha), fruição (Vedana), derramamento (Nirjara) e libertação (Moksha) do Karma descrevem o ciclo de acumulação, experiência e eliminação da substância kármica na alma. Bandha (ligação) é o processo pelo qual o Karma se adere à alma em resposta às ações, pensamentos e intenções. A ligação do Karma é influenciada por diversos fatores, como a intensidade das emoções (Kashaya), a natureza da ação (Yoga), a modalidade da ação (Karana) e a causa da ação (Adhikarana). Ações impulsionadas por paixões intensas, como raiva, ódio, apego e orgulho, geram um Karma mais denso e duradouro, enquanto ações motivadas por compaixão, desapego e sabedoria geram um Karma mais leve e transitório.

Vedana (fruição) é o processo de experimentar os resultados do Karma acumulado. Assim como uma semente plantada germina e produz frutos, o Karma amadurece ao longo do tempo e se manifesta como experiências de prazer e sofrimento, saúde e doença, sucesso e fracasso, e outras vicissitudes da vida. A fruição do Karma não é um castigo divino ou uma recompensa arbitrária, mas sim a consequência natural e inevitável da lei de causa e efeito espiritual.

Nirjara (derramamento) é o processo de eliminar ou "queimar" o Karma acumulado, liberando a alma de sua influência. Existem duas formas principais de Nirjara: Savipaka Nirjara (derramamento espontâneo) e Avipaka Nirjara (derramamento intencional). Savipaka Nirjara ocorre naturalmente ao longo do tempo, quando o Karma amadurece e se esgota através da fruição. Avipaka Nirjara, por outro lado, é um processo ativo e intencional, que envolve a prática ascética, a meditação, o arrependimento e a conduta ética, visando a acelerar a eliminação do Karma e purificar a alma.

Moksha (libertação) é o objetivo final da jornada espiritual Jainista, o estado de libertação completa e permanente do ciclo de reencarnação e do jugo do Karma. Moksha é alcançado quando todos os Karmas, tanto Ghatiya quanto Aghatiya, são completamente erradicados da alma. Nesse estado, a alma manifesta sua natureza pura e original, livre de qualquer obscurecimento ou limitação, experimentando conhecimento infinito, percepção infinita, bem-aventurança infinita e poder infinito. A alma libertada (Siddha) ascende ao topo do universo (Siddhashila) e permanece em um estado de eterna bem-aventurança e perfeição.

A responsabilidade individual pelas ações e suas consequências kármicas é um princípio fundamental da Teoria do Karma Jainista. Em Jainismo, cada indivíduo é o único arquiteto de seu próprio destino, responsável por suas ações, pensamentos e intenções, e colhendo os frutos (kármicos) de suas escolhas. Não existe um agente externo, como um Deus ou uma força sobrenatural, que determine o destino da alma. Cada ser é livre para escolher suas ações e, portanto, é totalmente responsável pelas consequências kármicas que advêm dessas escolhas. Essa ênfase na responsabilidade individual confere um grande poder e autonomia ao indivíduo em sua jornada espiritual.

Finalmente, o Karma como motor da reencarnação e da jornada espiritual revela seu papel central na cosmovisão Jainista. A lei do Karma é o mecanismo que impulsiona o ciclo de reencarnação (Samsara), mantendo a alma presa ao mundo material até que ela se liberte do jugo do Karma. As ações virtuosas (Punya Karma) geram resultados positivos, como renascimentos em condições favoráveis e experiências agradáveis, enquanto as ações não virtuosas (Papa Karma) geram resultados negativos, como renascimentos em condições desfavoráveis e experiências dolorosas. A jornada espiritual Jainista é, em essência, uma jornada de purificação kármica, visando a eliminar o Karma negativo acumulado e a evitar a acumulação de novo Karma negativo, até que a alma se torne completamente livre do jugo kármico e alcance a libertação final (Moksha).

Em resumo, a Teoria do Karma no Jainismo é um sistema complexo e sofisticado que explica a lei de causa e efeito espiritual de forma detalhada e abrangente. Ao compreender a natureza do Karma como substância sutil, suas diferentes categorias, os mecanismos de ligação, fruição, derramamento e libertação, e a responsabilidade individual pelas ações, o praticante Jainista é capacitado a trilhar o caminho espiritual com sabedoria, discernimento e determinação, buscando a purificação da alma, a superação do sofrimento e a conquista da libertação final (Moksha). No próximo capítulo, exploraremos os conceitos de Jiva e Ajiva, a alma e o não-alma, na cosmovisão Jainista, aprofundando nossa compreensão da natureza da alma e de sua relação com o mundo material, no contexto da Teoria do Karma.

Capítulo 9
A Alma e o Não-Alma

No cerne da cosmovisão Jainista, reside uma distinção fundamental que permeia toda a sua filosofia e prática: a dicotomia entre Jiva (Alma) e Ajiva (Não-Alma). Esta dualidade ontológica, embora possa parecer simplista à primeira vista, desdobra-se em uma complexa teia de conceitos e categorias que elucidam a natureza da existência, a origem do sofrimento e o caminho para a libertação. Compreender a distinção entre Jiva e Ajiva é essencial para apreender a visão Jainista do universo, da alma humana e do objetivo último da vida espiritual.

Jiva, no Jainismo, refere-se à alma individual, consciente e eterna. É a entidade viva, sentiente e pensante, que anima todos os seres vivos, desde os seres humanos até os menores microorganismos. A característica fundamental do Jiva é a consciência (Chetana), a capacidade de conhecer, perceber, sentir e experimentar. Em Jainismo, a crença na existência da alma individual e eterna é axiomática, um ponto de partida inquestionável para toda a sua filosofia e prática.

A alma (Jiva) é descrita como sendo inerentemente pura, luminosa e perfeita, possuindo qualidades intrínsecas como conhecimento infinito (Ananta Jnana), percepção infinita (Ananta Darshana), bem-aventurança infinita (Ananta Sukha) e energia infinita (Ananta Virya). No entanto, essa pureza original da alma encontra-se obscurecida e aprisionada pela matéria (Ajiva) e pelo Karma. A alma, em seu estado condicionado, é como uma lâmpada coberta de poeira, cuja luz é ofuscada pelas impurezas.

Ajiva, por sua vez, abrange as categorias do não-alma, os elementos não-conscientes e não-vivos que constituem o universo material. Enquanto Jiva representa o princípio da vida e da consciência, Ajiva representa o princípio da matéria e da inércia. O Jainismo categoriza Ajiva em cinco substâncias principais:

Pudgala (Matéria): Refere-se a toda a matéria física, tanto grosseira quanto sutil, que compõe o mundo material. Inclui os cinco elementos clássicos (terra, água, fogo, ar e éter), bem como os átomos, partículas subatômicas e todas as formas de matéria que percebemos através dos sentidos. Pudgala é caracterizada pela forma, cor, cheiro, sabor e tato, e é inerentemente não-consciente e inerte.

Akasha (Espaço): É a substância que fornece espaço e localização para todos os outros Dravyas (substâncias). Akasha é infinito, ilimitado e omnipresente, permeando todo o universo. É dividido em Lokakasha (Espaço Ocupado), a região do universo onde Jivas e outros Dravyas residem, e Alokakasha (Espaço Vazio), a região infinita além do Lokakasha, que é desprovida de Dravyas.

Kala (Tempo): É a substância que possibilita a mudança, a duração e a sequência dos eventos. O tempo, em Jainismo, é concebido como cíclico e eterno, dividido em ciclos cósmicos de ascensão e declínio (Utsarpini e Avasarpini). Kala é medido em unidades de tempo infinitesimais (Samaya) e unidades maiores como horas, dias, anos e eras cósmicas.

Dharma (Princípio do Movimento): Não se refere ao Dharma no sentido de "lei" ou "ensinamento", mas sim a uma substância única que auxilia o movimento de Jivas e Pudgalas. Dharma é omnipresente no Lokakasha, mas passivo e inerte em si mesmo. Assim como a água possibilita o movimento dos peixes, Dharma possibilita o movimento de Jivas e Pudgalas no espaço.

Adharma (Princípio do Repouso): Similar ao Dharma, Adharma não se refere ao "não-Dharma" ou "injustiça", mas sim a uma substância que auxilia o repouso de Jivas e Pudgalas. Adharma também é omnipresente no Lokakasha e inerte em si mesmo. Assim como a sombra de uma árvore possibilita o repouso daqueles que buscam abrigo, Adharma possibilita o repouso de Jivas e Pudgalas no espaço.

A interação entre Jiva e Ajiva é o cerne da experiência condicionada e da ligação kármica. Embora Jiva e Ajiva sejam substâncias distintas e opostas em natureza (consciência vs. não-consciência), elas interagem continuamente no mundo material, dando origem ao fenômeno da vida e do sofrimento. A ligação kármica (Bandha) ocorre quando a alma (Jiva) se associa com a matéria (Pudgala) através de ações, pensamentos e intenções impulsionadas por paixões e emoções perturbadoras (Kashayas). Essa interação resulta na acumulação de Karma na alma, obscurecendo sua pureza original e aprisionando-a no ciclo de reencarnação.

O processo de ligação kármica é comparado à mistura de leite e água. Assim como a água se mistura ao leite e se torna difícil separá-los, o Karma se mistura à alma, obscurecendo suas qualidades intrínsecas e criando uma identidade condicionada. Essa identidade condicionada, impulsionada pelo Karma, leva a alma a experimentar o ciclo de nascimento, morte e renascimento, buscando prazeres ilusórios no mundo material e sofrendo as consequências de suas ações kármicas.

A busca pela libertação do Jiva da influência do Ajiva é o objetivo central da prática Jainista. O caminho para a libertação (Moksha) envolve a purificação da alma da influência da matéria e do Karma, através da prática da Ahimsa, do ascetismo, da meditação e da autodisciplina. Ao eliminar gradualmente o Karma acumulado e evitar a acumulação de novo Karma, a alma se torna progressivamente mais pura e luminosa, manifestando suas qualidades intrínsecas de conhecimento, percepção, bem-aventurança e poder infinitos.

A visão Jainista da interconexão de todos os seres e elementos do universo emerge da compreensão da relação entre Jiva e Ajiva. Embora Jiva e Ajiva sejam categorias distintas, eles estão interligados e interdependentes no contexto da experiência condicionada. Todos os seres vivos, possuindo Jiva, compartilham a mesma natureza fundamental de consciência e a mesma busca pela libertação do sofrimento. Os elementos do Ajiva, como a matéria, o espaço, o tempo, o movimento e o repouso, fornecem o cenário e os meios para a manifestação da vida e da experiência condicionada. Essa visão interconectada promove um senso de responsabilidade universal e um profundo respeito por todas as formas de vida e pelo meio ambiente.

Em resumo, a distinção entre Jiva e Ajiva é um pilar fundamental da cosmovisão Jainista, elucidando a natureza dual da existência condicionada. Jiva, a alma consciente e eterna, busca libertar-se da influência de Ajiva, o mundo material e não-consciente, através da purificação kármica. A compreensão dessa dualidade e da interação entre Jiva e Ajiva é crucial para trilhar o caminho espiritual Jainista, buscando a libertação do ciclo de sofrimento e a realização da verdadeira natureza da alma. No próximo capítulo, exploraremos em detalhes o conceito de Ligação e Libertação (Moksha), o objetivo final do Jainismo, desvendando o caminho para a purificação da alma e a conquista da bem-aventurança eterna.

Capítulo 10
Ligação e Libertação

Em toda a vasta e intrincada tapeçaria do Jainismo, um fio dourado reluzente tece através de cada doutrina, prática e preceito: a busca incessante pela Libertação (Moksha). Este estado sublime, transcendental, é o pináculo da jornada espiritual Jainista, o objetivo último e supremo para o qual convergem todos os esforços, aspirações e renúncias. Moksha representa a liberação completa e permanente do ciclo de nascimento, morte e renascimento (Samsara), a extinção definitiva de todo o sofrimento e a manifestação plena da verdadeira natureza da alma em sua pureza e perfeição originais. Para compreender a essência do Jainismo, é imperativo mergulhar na profundidade do conceito de Moksha, desvendando o estado de ligação que o precede, o caminho árduo que a ele conduz e a bem-aventurança indescritível que o caracteriza.

O ponto de partida para a compreensão de Moksha é o reconhecimento do estado de ligação (Bandha), a condição em que a alma (Jiva) se encontra atualmente, aprisionada pelas impurezas kármicas. Como exploramos no capítulo anterior, a alma, em sua natureza intrínseca, é pura, luminosa e perfeita. No entanto, devido à sua interação com o mundo material

(Ajiva) e à acumulação de Karma, essa pureza original é obscurecida e distorcida. O Bandha representa essa prisão kármica, o estado em que a alma está ligada ao ciclo de Samsara, sujeita ao sofrimento e à impermanência.

A ligação kármica não é uma imposição externa ou um castigo divino, mas sim uma consequência auto-criada das próprias ações, pensamentos e intenções da alma. Impulsionada por paixões e emoções perturbadoras (Kashayas), a alma se envolve em atividades que geram Karma, como um ímã que atrai partículas de ferro. Essas partículas kármicas, por sua vez, obscurecem as faculdades da alma, criando véus de ignorância, apego, aversão e ilusão, que a mantêm presa ao ciclo de Samsara. O Bandha é, portanto, um estado de auto-escravidão, onde a alma está presa às correntes de seu próprio Karma.

O sofrimento (Dukha) é a inevitável consequência do estado de ligação kármica. Em Jainismo, o sofrimento é reconhecido como uma realidade fundamental da existência condicionada. Não se trata apenas do sofrimento físico ou emocional óbvio, mas de uma insatisfação existencial profunda, uma sensação de incompletude, impermanência e falta de paz que permeia todas as experiências do ciclo de Samsara. Esse sofrimento (Dukha) surge da própria natureza da existência condicionada, que é caracterizada pela impermanência (Anitya), pela ausência de substância duradoura (Anatma) e pela fonte de insatisfação e dor (Dukkha).

O sofrimento (Dukha) como resultado da ligação kármica se manifesta de inúmeras formas na vida cotidiana. Desde as dores físicas e doenças, até as angústias emocionais e mentais, passando pelas perdas, decepções, frustrações e a própria inevitabilidade da velhice, doença e morte, o sofrimento permeia todas as etapas da existência condicionada. O Jainismo reconhece que o sofrimento não é apenas uma experiência individual, mas sim uma condição universal compartilhada por todos os seres vivos presos no ciclo de Samsara. Essa compreensão da universalidade do sofrimento motiva a busca pela libertação e a compaixão por todos os seres sofredores.

O caminho da libertação (Moksha), em Jainismo, é um percurso árduo, gradual e multifacetado, que envolve a purificação da alma de todas as impurezas kármicas e a manifestação de sua verdadeira natureza. Este caminho é delineado pelas Três Jóias (Ratnatraya): Visão Correta, Conhecimento Correto e Conduta Correta, e é trilhado através da prática rigorosa dos votos Jainistas, do ascetismo, da meditação e da autodisciplina. O objetivo central do caminho da libertação é o derramamento (Nirjara) de todo o Karma acumulado e a prevenção da acumulação de novo Karma.

A purificação da alma no caminho de Moksha envolve tanto a eliminação do Karma negativo (Papa Karma) quanto do Karma positivo (Punya Karma). Embora o Karma positivo possa gerar renascimentos em condições mais favoráveis e experiências mais agradáveis, ele ainda mantém a alma presa ao ciclo de

Samsara e impede a libertação completa. Portanto, o objetivo final não é apenas acumular Karma positivo, mas sim erradicar todo o tipo de Karma, tanto o bom quanto o mau, para alcançar o estado de pureza absoluta e libertação.

O estado de libertação (Moksha) é descrito como um estado de perfeição, bem-aventurança e liberdade infinitas. Nesse estado, a alma se liberta completamente do ciclo de reencarnação e de todas as formas de sofrimento. Moksha não é um lugar físico ou um paraíso celestial, mas sim um estado de ser, uma transformação radical da consciência, onde a alma manifesta plenamente suas qualidades intrínsecas de conhecimento infinito, percepção infinita, bem-aventurança infinita e poder infinito. É um estado de paz, serenidade e alegria inabaláveis, livre de qualquer forma de dor, sofrimento ou imperfeição.

No estado de Moksha, a alma não está mais sujeita ao Karma, nem à influência do mundo material (Ajiva). Ela transcende as limitações do tempo, do espaço e da causalidade, alcançando um estado de eternidade, onisciência e onipotência em sua própria natureza. A alma libertada (Siddha) reside em um estado de bem-aventurança transcendental, livre de qualquer necessidade ou desejo, em perfeita harmonia consigo mesma e com o universo. Moksha é o estado de realização suprema, o objetivo último da jornada espiritual Jainista, e a promessa de um futuro de paz e liberdade para todos os seres.

As características do Jiva libertado (Siddha) revelam a magnificência e a plenitude do estado de Moksha. Um

Jiva libertado, um Siddha, possui quatro qualidades infinitas (Ananta Chatushtaya):

Conhecimento Infinito (Ananta Jnana): O Siddha possui conhecimento perfeito e completo de tudo o que existe, passado, presente e futuro, em todos os universos. Seu conhecimento é livre de qualquer obscurecimento ou limitação.

Percepção Infinita (Ananta Darshana): O Siddha possui percepção perfeita e ilimitada de todos os objetos e eventos, em todos os tempos e lugares. Sua percepção é clara, nítida e livre de qualquer distorção ou ilusão.

Bem-Aventurança Infinita (Ananta Sukha): O Siddha experimenta uma felicidade e uma bem-aventurança inabaláveis, que transcendem qualquer prazer ou alegria mundana. Sua bem-aventurança é intrínseca à sua própria natureza pura e não depende de fatores externos.

Energia Infinita (Ananta Virya): O Siddha possui poder e energia ilimitados, embora não os utilize para interferir no mundo material ou exercer controle sobre outros seres. Sua energia é direcionada para a manutenção de seu estado de perfeição e bem-aventurança.

Além dessas quatro qualidades infinitas, o Siddha também é descrito como possuindo outras características, como a ausência de forma física, a imortalidade, a omnipresença (no sentido de não estar limitado pelo espaço) e a completa liberdade do sofrimento e da imperfeição. Os Siddhas residem no Siddhashila, o topo do universo, em um estado de eterna bem-aventurança e contemplação, servindo como exemplos inspiradores para aqueles que ainda trilham o caminho da libertação.

Em conclusão, Ligação e Libertação (Bandha e Moksha) representam os polos opostos da jornada espiritual Jainista. Bandha, o estado de aprisionamento kármico e sofrimento, é a condição inicial da alma condicionada. Moksha, o estado de libertação completa e bem-aventurança, é o objetivo final e supremo. O caminho Jainista, delineado pelas Três Jóias e praticado através do ascetismo e da autodisciplina, visa a transição de Bandha para Moksha, a purificação da alma e a realização de seu potencial máximo. Moksha não é apenas uma meta distante e abstrata, mas sim uma possibilidade real e tangível, um futuro de paz, liberdade e bem-aventurança que aguarda aqueles que se dedicam sinceramente ao caminho da libertação Jainista. No próximo capítulo, exploraremos as práticas ascéticas e espirituais que constituem o cerne do caminho para Moksha, como o jejum, a meditação e a autodisciplina, desvendando os métodos Jainistas para a purificação da alma e a conquista da libertação.

Capítulo 11
Ascetismo e Prática Espiritual

No caminho árduo e recompensador da jornada espiritual Jainista, o ascetismo emerge como uma ferramenta essencial, um conjunto de práticas rigorosas e transformadoras destinadas a purificar a alma das impurezas kármicas e a impulsionar o praticante rumo à libertação (Moksha). O ascetismo, conhecido em Jainismo como Tapas, não é concebido como um sofrimento autoimposto ou uma forma de autopunição, mas sim como um método estratégico e consciente para enfraquecer o domínio do Karma sobre a alma, fortalecer a autodisciplina e cultivar as qualidades espirituais intrínsecas. Através de diversas formas de práticas ascéticas, como o jejum, a meditação e a autodisciplina, o Jainista busca refinar a mente, controlar os sentidos e trilhar o caminho da purificação kármica com determinação e propósito.

O papel do ascetismo (Tapas) na purificação kármica é central para a prática Jainista. Como exploramos nos capítulos anteriores, o Karma é concebido como uma substância sutil que se adere à alma e a mantém presa ao ciclo de reencarnação. O ascetismo atua como um fogo purificador, capaz de "queimar" ou "dissolver" o Karma acumulado, liberando a alma de seu peso e obscurecimento. A prática ascética, quando realizada com a intenção correta e sob a orientação adequada, gera um processo de Nirjara (derramamento), acelerando a eliminação do Karma e facilitando o progresso espiritual.

Existem diferentes formas de ascetismo no Jainismo, abrangendo tanto práticas físicas quanto mentais, adaptadas às capacidades e ao caminho de cada praticante. Algumas das formas mais comuns de ascetismo Jainista incluem:

Jejum (Anasana): O jejum é uma prática ascética fundamental no Jainismo, praticada em diversas formas e durações. Pode variar desde o jejum completo de alimentos e água por um período determinado (às vezes vários dias), até formas mais moderadas, como o jejum de certos tipos de alimentos, a restrição da quantidade de comida ou a prática de comer apenas uma vez ao dia. O jejum visa a purificar o corpo, reduzir os desejos sensoriais, fortalecer a autodisciplina e gerar mérito espiritual.

Restrição Alimentar (Unodarika): Além do jejum completo, o Jainismo também enfatiza a importância da moderação e da restrição na alimentação em geral. Isso inclui evitar comer em excesso, consumir alimentos luxuosos ou indulgentes, e praticar o vegetarianismo rigoroso, evitando alimentos que envolvam violência ou sofrimento animal. A restrição alimentar visa a controlar os desejos do paladar, cultivar o contentamento e evitar o apego aos prazeres sensoriais.

Silêncio (Mauna): A prática do silêncio, ou Mauna, é outra forma importante de ascetismo Jainista. Pode envolver o silêncio verbal completo por um período determinado, ou a restrição da fala a apenas o essencial, evitando conversas ociosas, fúteis ou prejudiciais. O silêncio visa a acalmar a mente, reduzir a dispersão mental, cultivar a introspecção e evitar o Karma negativo gerado pela fala descuidada ou violenta.

Meditação (Dhyana): A meditação é uma prática central no Jainismo, tanto como forma de ascetismo quanto como meio para alcançar a autoconsciência e a libertação. A prática da meditação (Dhyana) para acalmar a mente e alcançar a autoconsciência é multifacetada e abrange diversas técnicas e métodos, que exploraremos em maior detalhe a seguir.

Autodisciplina (Samyama): A autodisciplina, ou Samyama, permeia todas as formas de ascetismo Jainista e é um princípio fundamental em si mesmo. Refere-se ao controle dos sentidos, da mente e das paixões, através da prática da vigilância constante, da moderação e da autossuficiência. A autodisciplina visa a fortalecer a vontade, superar os hábitos negativos, cultivar virtudes e direcionar a energia para a prática espiritual.

A prática da meditação (Dhyana) ocupa um lugar de destaque no ascetismo Jainista e é considerada um meio essencial para a purificação da mente, o desenvolvimento da autoconsciência e a conquista da libertação. A meditação Jainista não se limita a uma única técnica ou método, mas abrange uma variedade de práticas contemplativas, que visam a acalmar a mente agitada, focar a atenção, cultivar a concentração e alcançar estados de consciência mais profundos.

Uma forma importante de meditação Jainista é a Samayika, a prática diária de meditação e introspecção, recomendada tanto para monges e freiras quanto para leigos e leigas. A Samayika geralmente envolve um período de tempo fixo (por exemplo, 48 minutos), durante o qual o praticante se retira para um local tranquilo, assume uma postura meditativa e foca a mente em um objeto de meditação, como a respiração, os ensinamentos Jainistas ou a natureza da alma. A Samayika visa a cultivar a presença mental, a reduzir a dispersão mental e a fortalecer a conexão com o Dharma.

Outra prática meditativa Jainista importante é o Pratikramana, o ritual diário de arrependimento e confissão das transgressões éticas e morais cometidas ao longo do dia. O Pratikramana envolve a reflexão sobre as ações, palavras e pensamentos do dia, o reconhecimento das falhas, o arrependimento sincero e o compromisso de evitar repeti-las no futuro. O Pratikramana visa a purificar a mente das impurezas morais, fortalecer a consciência ética e cultivar a autotransformação.

O Jainismo também enfatiza a prática do Dhyana em seus sentidos mais profundos, como formas avançadas de meditação que visam a alcançar estados de consciência superiores e a experiência direta da natureza da alma. Estas formas de Dhyana podem envolver técnicas de concentração intensa, visualização, contemplação e auto-indagação, buscando transcender a mente dualista, superar o apego ao ego e realizar a união com a consciência pura e infinita.

A importância da autodisciplina (Samyama) para controlar os sentidos e as paixões é um tema recorrente no ascetismo Jainista. Acredita-se que os sentidos e as paixões são as principais fontes de apego ao mundo material e de acumulação de Karma. A autodisciplina (Samyama) é o antídoto para essa tendência, capacitando o praticante a dominar os impulsos sensoriais, controlar as emoções perturbadoras e direcionar a energia para a prática espiritual. A autodisciplina abrange todos os aspectos da vida, desde a alimentação e o sono até a fala, o comportamento e os relacionamentos. É um processo contínuo de vigilância, esforço e autotransformação, visando a refinar a mente, fortalecer a vontade e cultivar a liberdade interior.

Finalmente, o Jainismo reconhece a importância de encontrar um equilíbrio entre o ascetismo e a vida cotidiana para leigos e leigas. Enquanto monges e freiras Jainistas se dedicam integralmente à prática ascética radical, os leigos e leigas, que vivem no mundo e têm responsabilidades familiares e profissionais, são encorajados a praticar o ascetismo de forma adaptada ao seu contexto de vida. Os Anuvratas (votos menores) oferecem um guia prático para a ética Jainista na vida laica, incentivando a prática da não-violência, da verdade, da não-cobiça, da castidade e da não-possessividade dentro das possibilidades e limitações da vida cotidiana. Além disso, os leigos e leigas são encorajados a praticar o jejum periódico, a meditação diária, o estudo das escrituras e outras práticas ascéticas que possam integrar em suas rotinas, buscando o progresso espiritual gradual e constante. O Jainismo valoriza tanto o caminho ascético radical dos monges e freiras quanto o caminho ascético adaptado dos leigos e leigas, reconhecendo que ambos podem conduzir à purificação da alma e à libertação, dependendo da sinceridade, do esforço e da intenção do praticante.

Em resumo, o ascetismo e a prática espiritual são elementos intrínsecos e indispensáveis do Jainismo. Através do Tapas, o praticante Jainista busca purificar a alma, eliminar o Karma, fortalecer a autodisciplina e cultivar as qualidades espirituais necessárias para a libertação. O jejum, a restrição alimentar, o silêncio, a meditação e a autodisciplina são algumas das ferramentas ascéticas utilizadas para refinar a mente, controlar os sentidos e trilhar o caminho da purificação kármica. O Jainismo oferece um caminho ascético abrangente e flexível, adaptado tanto para monges e freiras quanto para leigos e leigas, convidando todos a embarcar na jornada da autotransformação e da busca pela paz interior e libertação espiritual. No próximo capítulo, exploraremos os Quatorze Estágios de Desenvolvimento Espiritual (Gunasthanas), o mapa da jornada espiritual Jainista, que descreve os diferentes níveis de purificação e progresso rumo à libertação, proporcionando um guia detalhado para a prática ascética e espiritual.

Capítulo 12
O Caminho da Purificação

Para orientar o praticante na intrincada jornada da purificação espiritual, o Jainismo oferece um mapa detalhado e abrangente: os Quatorze Estágios de Desenvolvimento Espiritual, conhecidos como Gunasthanas. Estes estágios representam uma progressão gradual e ascendente na jornada da alma rumo à libertação (Moksha), delineando os diferentes níveis de pureza, conhecimento e conduta moral que o praticante pode alcançar ao longo do caminho ascético. Os Gunasthanas não são meras categorias descritivas, mas sim um guia prático e dinâmico, que auxilia o Jainista a compreender seu próprio estado espiritual, a identificar os obstáculos a serem superados e a direcionar seus esforços para o avanço rumo à meta final. Explorar os Quatorze Gunasthanas é como desvendar um roteiro minucioso da jornada da alma, revelando os desafios, as conquistas e as transformações que marcam o caminho da purificação Jainista.

Os Gunasthanas como um mapa da jornada espiritual Jainista fornecem uma estrutura valiosa para a autocompreensão e o progresso espiritual. A palavra "Gunasthana" pode ser traduzida como "lugar das qualidades" ou "estágio de virtudes", indicando que cada estágio representa um nível específico de desenvolvimento das qualidades espirituais e uma diminuição correspondente das impurezas kármicas. Os Quatorze Gunasthanas são dispostos em uma sequência ascendente, do primeiro ao décimo quarto, refletindo um progresso linear na jornada da alma rumo à libertação. Embora a progressão pelos Gunasthanas não seja sempre contínua e linear, o mapa oferece um referencial claro para avaliar o próprio estado espiritual e direcionar a prática.

Os estágios iniciais de ignorância e delusão (Mithyatva Gunasthanas) compreendem os primeiros quatro Gunasthanas, caracterizados por uma visão distorcida da realidade, a falta de fé nos princípios Jainistas e a predominância das paixões e emoções perturbadoras. Estes estágios representam a condição espiritual da maioria dos seres humanos comuns, que vivem imersos na ignorância, no apego ao mundo material e no ciclo de sofrimento.

Primeiro Gunasthana: Mithyatva (Falsidade): Este é o estágio mais baixo, caracterizado pela completa ignorância da verdade Jainista e pela crença em visões distorcidas da realidade. O indivíduo neste estágio não possui Visão Correta (Samyak Darshana), não compreende a natureza da alma, do Karma, da libertação ou do caminho Jainista. Está completamente imerso no mundo material, buscando prazeres sensoriais e vivendo sob o domínio das paixões e emoções perturbadoras.

Segundo Gunasthana: Sasadana (Degradação): Este estágio representa um breve lapso na Visão Correta para aqueles que já a haviam alcançado. O indivíduo neste estágio experimenta uma queda temporária de sua fé e conhecimento Jainista, geralmente devido à influência de paixões intensas ou circunstâncias desfavoráveis. No entanto, este estágio é transitório e o indivíduo geralmente retorna à Visão Correta em breve.

Terceiro Gunasthana: Mishra (Misto): Neste estágio, o indivíduo experimenta uma mistura de Visão Correta e visão distorcida. Há um despertar inicial para a verdade Jainista, mas ainda persiste uma dose de dúvida, confusão e apego a crenças não-Jainistas. O indivíduo pode ter momentos de clareza e fé, seguidos por momentos de dúvida e hesitação.

Quarto Gunasthana: Avirata Samyaktva (Visão Correta com votos menores): Este estágio marca o início da verdadeira jornada espiritual Jainista, com o despertar da Visão Correta (Samyak Darshana). O indivíduo neste estágio adquire uma fé firme nos princípios Jainistas, compreende a natureza da alma, do Karma e da libertação, e aspira a seguir o caminho Jainista. Embora ainda não tenha renunciado completamente à vida mundana e não pratique os Grandes Votos, ele adota os Anuvratas (votos menores) para leigos e leigas, começando a refinar sua conduta ética e moral.

Os estágios intermediários de despertar e progresso moral (Avirati e Virati Gunasthanas) compreendem os Gunasthanas do quinto ao décimo, marcando um avanço significativo na jornada espiritual, com o desenvolvimento da conduta ética e moral e a prática da autodisciplina e do ascetismo. Nestes estágios, o indivíduo se esforça para purificar sua mente, controlar seus sentidos e avançar rumo à erradicação completa do Karma.

Quinto Gunasthana: Deshavirati (Votos parciais): Este estágio representa o início do monasticismo para aqueles que dão o passo de renunciar à vida laica e ingressar na comunidade monástica Jainista. O indivíduo neste estágio adota os Mahavratas (Grandes Votos), mas apenas parcialmente, não em sua forma mais completa e rigorosa. Ainda há certas fraquezas e imperfeições em sua prática, mas há um compromisso sincero com o caminho ascético.

Sexto Gunasthana: Pramatta Virati (Votos perfeitos com negligência): Neste estágio, o monge ou freira pratica os Mahavratas de forma completa e rigorosa, mas ainda ocasionalmente experimenta lapsos de negligência ou descuido. As paixões e emoções perturbadoras ainda podem surgir ocasionalmente, levando a pequenas transgressões dos votos. No entanto, há um esforço constante para manter a conduta ética e moral e progredir na prática ascética.

Sétimo Gunasthana: Apramatta Virati (Votos perfeitos sem negligência): Este estágio marca um avanço significativo na autodisciplina e no controle mental. O monge ou freira pratica os Mahavratas de forma perfeita e vigilante, sem negligência ou descuido. As paixões e emoções perturbadoras são grandemente enfraquecidas e a mente se torna mais calma e focada na prática espiritual.

Oitavo Gunasthana: Apoorva Karana (Novo Pensamento): Neste estágio, o monge ou freira inicia um processo de purificação kármica intensa e sem precedentes. Um novo tipo de pensamento e intenção surge, focado exclusivamente na erradicação do Karma e na busca pela libertação. Há um aumento significativo na energia espiritual e na determinação ascética.

Nono Gunasthana: Anivrutti Karana (Pensamento Imutável): Neste estágio, a intenção de erradicar o Karma se torna ainda mais forte e estável. A mente se torna quase completamente livre de distrações e paixões, focada exclusivamente na prática espiritual e na busca pela libertação. O progresso na purificação kármica acelera-se significativamente.

Décimo Gunasthana: Sukshma Samparaya (Paixão Sutil): Neste estágio, quase todas as paixões e emoções perturbadoras foram erradicadas, exceto a paixão mais sutil e tênue: o apego tênue. Esta paixão residual é extremamente difícil de detectar e eliminar, mas ainda impede a libertação completa. O monge ou freira neste estágio está muito próximo da meta final, mas ainda precisa superar este último obstáculo.

Os estágios avançados de purificação e erradicação do Karma (Kshapak e Upashamak Shreni) compreendem os Gunasthanas do décimo primeiro ao décimo terceiro, representando o ápice da jornada ascética, com a erradicação completa das paixões e a conquista do conhecimento perfeito e da libertação. Estes estágios são acessíveis apenas a seres humanos excepcionais, que atingiram um nível de pureza e autodisciplina extraordinários.

Décimo Primeiro Gunasthana: Upashanta Moha (Paixão Suprimida): Neste estágio, todas as paixões e emoções perturbadoras, incluindo o apego tênue, são temporariamente suprimidas ou subjugadas. A mente se torna completamente calma e pacífica, experimentando uma bem-aventurança profunda e serena. No entanto, este estado de supressão não é permanente e as paixões podem ressurgir, levando a uma queda para um estágio inferior.

Décimo Segundo Gunasthana: Kshina Moha (Paixão Erradicada): Neste estágio, todas as paixões e emoções perturbadoras, incluindo o apego tênue, são completamente erradicadas e eliminadas para sempre. A mente se torna absolutamente pura e transparente, livre de qualquer obscurecimento ou perturbação. O indivíduo neste estágio alcança o Kevala Jnana (Conhecimento Perfeito), a iluminação suprema, tornando-se um Tirthankara ou um ser iluminado.

Décimo Terceiro Gunasthana: Sayoga Kevali (Kevali com atividade): Este é o estágio dos Jinas ou Tirthankaras iluminados, que alcançaram o Kevala Jnana, mas ainda permanecem em forma física, ensinando o Dharma e guiando outros seres no caminho da libertação. Eles possuem conhecimento perfeito, percepção perfeita, bem-aventurança perfeita e poder perfeito, mas ainda estão sujeitos a certas atividades físicas e mentais, como respirar, comer e pregar.

O estágio final de libertação completa (Siddha Gunasthana) é o Décimo Quarto Gunasthana:

Décimo Quarto Gunasthana: Ayoga Kevali (Kevali sem atividade): Este é o último estágio da existência física, alcançado pelos Tirthankaras e outros seres iluminados pouco antes de sua morte física. Neste estágio, todas as atividades físicas e mentais cessam completamente, incluindo a respiração e o pensamento. O indivíduo se torna totalmente absorto na bem-aventurança do Nirvana, preparando-se para a libertação final e permanente. Após a morte física neste estágio, a alma se liberta completamente do corpo e do ciclo de reencarnação, alcançando o Moksha (Libertação), o estado de perfeição e bem-aventurança eternos, tornando-se um Siddha, um ser libertado.

A importância de compreender os Gunasthanas para o autoaperfeiçoamento espiritual reside em seu valor como um guia prático para a jornada da purificação da alma. Ao estudar e contemplar os Gunasthanas, o praticante Jainista pode:

Avaliar seu próprio estado espiritual: Identificar em qual estágio do desenvolvimento espiritual se encontra, reconhecendo seus pontos fortes e fracos, suas conquistas e desafios.

Identificar os obstáculos a serem superados: Compreender quais paixões, impurezas kármicas e hábitos negativos precisam ser combatidos e transformados para avançar para o próximo estágio.

Direcionar a prática espiritual: Adaptar suas práticas ascéticas e espirituais às necessidades específicas de seu estágio atual, focando nos aspectos da conduta ética, da meditação, da autodisciplina e do conhecimento que são mais relevantes para o seu progresso.

Cultivar a motivação e a esperança: Visualizar a progressão através dos Gunasthanas como um caminho real e alcançável rumo à libertação, fortalecendo a fé, a determinação e a perseverança na prática espiritual.

Os Quatorze Gunasthanas, portanto, não são apenas uma teoria filosófica abstrata, mas sim um mapa prático e inspirador para a jornada espiritual Jainista. Eles oferecem um roteiro detalhado para a purificação da alma, a superação do sofrimento e a conquista da libertação final (Moksha), convidando cada praticante a embarcar nesta jornada transformadora com sabedoria, discernimento e esperança. Nos próximos capítulos, exploraremos as práticas e o estilo de vida Jainista, desvendando como os princípios e os estágios de desenvolvimento espiritual se manifestam na vida cotidiana dos praticantes Jainistas, tanto monges e freiras quanto leigos e leigas.

Capítulo 13
Monasticismo Jainista

No panorama multifacetado do Jainismo, o monasticismo emerge como uma instituição central e venerada, representando o ideal máximo da prática espiritual e o caminho mais direto e dedicado rumo à libertação (Moksha). A comunidade monástica Jainista, composta por monges (Sadhu) e freiras (Sadhvi), é a espinha dorsal da tradição, a guardiã dos ensinamentos, a personificação dos valores ascéticos e o farol que guia os leigos e leigas na jornada espiritual. Dentro deste ideal monástico, entretanto, floresceram ao longo da história diferentes interpretações e práticas, culminando na formação das duas principais seitas do Jainismo: Digambara e Svetambara. Compreender as nuances e distinções entre estas duas tradições monásticas é fundamental para apreciar a riqueza e a complexidade do Jainismo em sua totalidade.

As duas principais seitas do Jainismo, Digambara (vestidos de céu) e Svetambara (vestidos de branco), representam as maiores divisões dentro da tradição Jainista, divergindo em certos aspectos de doutrina, prática ascética e escrituras. A cisão entre as duas seitas é tradicionalmente atribuída a eventos históricos que ocorreram alguns séculos após a morte de Mahavira, relacionados a questões de prática monástica e interpretação dos ensinamentos. Embora compartilhem os princípios fundamentais do Jainismo, como a Ahimsa, o Karma, o Moksha e a reverência aos Tirthankaras, Digambaras e Svetambaras desenvolveram tradições monásticas distintas, refletindo diferentes ênfases e abordagens para a prática ascética e a jornada espiritual.

As diferenças e semelhanças nas práticas monásticas das duas seitas são notáveis e reveladoras das nuances dentro do Jainismo. As distinções mais visíveis e frequentemente mencionadas residem nas práticas relacionadas ao vestuário, à posse de bens materiais, às práticas alimentares e às visões sobre a possibilidade de mulheres alcançarem a libertação.

A roupa, ou a ausência dela, é talvez a diferença mais emblemática entre as duas seitas. Os monges Digambara, fiéis à sua designação "vestidos de céu", praticam o ascetismo da nudez. Eles renunciam completamente a todas as vestimentas, permanecendo nus como um símbolo de desapego total do mundo material e de pureza ascética radical. Essa prática é vista como a forma mais elevada de não-possessividade e autodisciplina, representando um desafio extremo aos confortos e convenções sociais. As freiras Digambara, por razões de pudor social, utilizam um sari simples e sem costura, mas mantêm o princípio da máxima não-possessividade em relação ao vestuário.

Os monges e freiras Svetambara, por outro lado, seguem a tradição de usar vestimentas brancas e sem costura, daí o nome "vestidos de branco". Eles usam vestimentas simples, geralmente duas ou três peças de tecido branco, como um loincloth, uma veste e um tecido para cobrir a boca (Muhapatti), que é usado para evitar ferir pequenos organismos no ar ao falar. Para os Svetambara, o uso de vestimentas brancas é visto como compatível com o ascetismo, proporcionando modéstia e proteção contra os elementos, sem comprometer o princípio da não-possessividade essencial.

Em relação à posse de bens materiais, ambas as seitas enfatizam a importância da não-possessividade (Aparigraha) como um voto fundamental para monges e freiras. No entanto, a interpretação e a aplicação deste voto diferem entre Digambaras e Svetambaras. Os monges Digambara levam a não-possessividade ao extremo, possuindo apenas os itens absolutamente essenciais para a prática ascética, como um pote de água, um espanador de penas de pavão (Pinchi) para remover pequenos seres vivos do caminho e as escrituras. Eles tradicionalmente não possuem tigelas de mendicância, comendo a comida que recebem diretamente nas mãos.

Os monges e freiras Svetambara, embora também pratiquem a não-possessividade, permitem uma posse ligeiramente maior de bens materiais, considerados necessários para a vida monástica e o estudo das escrituras. Além das vestimentas brancas, eles geralmente possuem um pote de mendicância, um bastão de caminhada, um cobertor, e cópias das escrituras sagradas. Para os Svetambara, o foco principal da não-possessividade reside no desapego mental e emocional aos bens materiais, mais do que na privação física absoluta.

As práticas alimentares e de mendicância também revelam distinções entre as duas seitas. Tanto Digambaras quanto Svetambaras praticam a mendicância (Gochari) como forma de obter alimento, dependendo da caridade dos leigos e leigas para sustentar suas vidas ascéticas. No entanto, os monges Digambara seguem uma prática de mendicância mais restrita, tradicionalmente aceitando alimento apenas uma vez ao dia, e apenas de mãos dadas, sem usar tigelas ou recipientes. Eles também evitam comer em pé ou em movimento, e tradicionalmente não aceitam comida preparada para eles, mas apenas sobras não solicitadas.

Os monges e freiras Svetambara seguem uma prática de mendicância mais flexível, aceitando alimento em tigelas de mendicância, e podem fazer várias rondas de mendicância ao dia, se necessário. Eles também podem aceitar comida preparada para eles, desde que seja vegetariana e preparada de acordo com os princípios Jainistas de não-violência. Ambas as seitas enfatizam a importância de receber alimento com desapego e gratidão, como uma necessidade para sustentar o corpo e permitir a prática espiritual, e não como uma fonte de prazer ou indulgência.

As visões sobre mulheres e libertação representam outra diferença doutrinária significativa entre Digambaras e Svetambaras. A tradição Digambara sustenta que mulheres não podem alcançar a libertação (Moksha) em forma feminina. De acordo com essa visão, a forma feminina é considerada inerentemente menos propícia à prática ascética radical e à erradicação completa do Karma, devido às diferenças biológicas e sociais entre homens e mulheres. Para alcançar a libertação, uma mulher Digambara deve renascer como homem em uma vida futura, para então praticar o ascetismo radical e alcançar o Moksha. No monasticismo Digambara, portanto, apenas homens podem se tornar monges completamente nus, enquanto as freiras seguem um caminho ascético menos radical, com o objetivo final de renascer como homens para alcançar a libertação.

A tradição Svetambara, por outro lado, não impõe restrições de gênero para a libertação. Os Svetambara acreditam que mulheres são espiritualmente iguais aos homens e possuem a mesma capacidade de praticar o ascetismo, purificar a alma e alcançar o Moksha em forma feminina. A história Jainista Svetambara relata exemplos de freiras iluminadas (Sadhvis) que alcançaram a libertação em forma feminina, como Mallinatha, o 19º Tirthankara, que a tradição Svetambara acredita ter sido mulher. No monasticismo Svetambara, tanto homens quanto mulheres podem se tornar monges e freiras, buscando a libertação através da prática ascética, sem a necessidade de renascer em uma forma masculina.

Finalmente, as escrituras e cânones também divergem entre Digambaras e Svetambaras, como mencionado no Capítulo 4. Os Svetambaras aceitam um cânon Agama completo de 45 textos, que eles acreditam preservar os ensinamentos originais de Mahavira. Os

Digambaras, por sua vez, acreditam que os Agamas originais foram perdidos, e que os textos atualmente disponíveis são de autoridade secundária. Essa divergência nos cânones escriturísticos reflete as diferentes histórias e tradições de transmissão oral e escrita que se desenvolveram nas duas seitas ao longo do tempo.

Apesar dessas diferenças significativas, é importante ressaltar que similaridades ainda ligam Digambaras e Svetambaras dentro do Dharma Jainista. Ambas as seitas compartilham os princípios fundamentais do Jainismo, como as Três Jóias, os Cinco Grandes Votos (Mahavratas), a Teoria do Karma, a busca pela libertação (Moksha) e a reverência aos Tirthankaras. Ambas as tradições monásticas se dedicam à prática da Ahimsa, do ascetismo, da meditação e da autodisciplina, buscando a purificação da alma e o progresso espiritual. As diferenças entre elas podem ser vistas como variações dentro de um mesmo tema central, diferentes abordagens para a prática ascética e a jornada espiritual, mantendo a essência do Dharma Jainista.

Em ambas as tradições, o ideal do ascetismo radical permanece central para a busca da libertação espiritual. Tanto Digambaras quanto Svetambaras consideram a vida monástica como o caminho mais elevado e direto para o Moksha, enfatizando a importância da renúncia, da autodisciplina e da purificação kármica. As diferenças em suas práticas ascéticas podem ser interpretadas como diferentes graus de ênfase em certos aspectos do ascetismo, mas o objetivo final permanece o mesmo: a libertação do ciclo de sofrimento e a realização da verdadeira natureza da alma.

Em conclusão, o monasticismo Jainista, com suas diversas manifestações nas tradições Digambara e Svetambara, representa um pilar fundamental da tradição Jainista. As diferenças entre estas duas seitas, embora visíveis em práticas como vestuário, posse de bens, alimentação e visões sobre mulheres, não obscurecem a unidade essencial do Dharma Jainista, que reside na busca pela libertação através da prática ascética e da purificação da alma. Tanto Digambaras quanto Svetambaras oferecem caminhos válidos e inspiradores para a jornada espiritual, convidando os praticantes a transcender o mundo material, cultivar a não-violência e trilhar o caminho rumo à paz interior e à libertação final. No próximo capítulo, exploraremos as práticas Jainistas específicas para leigos e leigas, desvendando como os princípios e valores Jainistas podem ser vividos e praticados no contexto da vida cotidiana, fora do ambiente monástico.

Capítulo 14
Práticas Jainistas para Leigos e Leigas

Enquanto o monasticismo Jainista representa o ideal máximo de renúncia e prática ascética, o Jainismo também oferece um caminho valioso e acessível para leigos e leigas, aqueles que vivem no mundo e mantêm responsabilidades familiares e profissionais. Reconhecendo que nem todos são chamados ou capazes de seguir o rigor do monasticismo, o Jainismo proporciona um conjunto de práticas e diretrizes éticas adaptadas à vida laica, permitindo que os leigos e leigas vivenciem os princípios Jainistas em seu cotidiano, buscando o progresso espiritual gradual e a vida virtuosa no seio da sociedade. No cerne destas práticas para leigos e leigas encontram-se os Anuvratas (votos menores), uma versão mitigada dos Grandes Votos monásticos, e um conjunto de diretrizes éticas adicionais que orientam a conduta moral, social e religiosa dos praticantes Jainistas na vida laica.

Os Anuvratas (votos menores) representam a adaptação dos Mahavratas (Grandes Votos) para o contexto da vida laica, oferecendo um guia prático para a ética Jainista no cotidiano. Assim como os Mahavratas são os votos fundamentais para monges e freiras, os Anuvratas são os votos essenciais para leigos e leigas, permitindo que eles vivenciem os princípios Jainistas de forma realista e sustentável em suas vidas diárias. Os Anuvratas são cinco, correspondendo aos Cinco Grandes Votos monásticos, mas com um nível de rigor atenuado, adequado às capacidades e responsabilidades da vida laica:

Ahimsa Anuvrata (Não-Violência Menor): Assim como o Mahavrata de Ahimsa exige a não-violência absoluta em pensamento, palavra e ação para os monges e freiras, o Anuvrata de Ahimsa para leigos e leigas exige o compromisso de evitar a violência intencional e desnecessária em todas as suas formas. Embora leigos e leigas possam não ser capazes de evitar completamente a violência inerente à vida cotidiana (por exemplo, em profissões, na alimentação), eles se comprometem a minimizar ao máximo a violência em suas ações, evitando prejudicar intencionalmente outros seres vivos, cultivando a compaixão e o respeito por toda a vida. O Anuvrata de Ahimsa para leigos e leigas também se manifesta na prática do vegetarianismo, como forma de reduzir a participação na violência contra animais.

Satya Anuvrata (Verdade Menor): O Mahavrata de Satya exige a veracidade absoluta dos monges e freiras. O Anuvrata de Satya para leigos e leigas exige o compromisso de evitar a mentira grosseira e intencional, e de falar a verdade da melhor forma possível, de maneira gentil e benéfica. Embora leigos e leigas possam ocasionalmente se deparar com situações em que a "verdade" precisa ser mitigada por razões de cortesia ou para evitar danos maiores, o Anuvrata de Satya os encoraja a priorizar a honestidade e a integridade em sua comunicação, evitando o engano, a difamação e a linguagem prejudicial.

Asteya Anuvrata (Não-Roubar Menor): O Mahavrata de Asteya exige a abstensão completa de roubar para os monges e freiras. O Anuvrata de Asteya para leigos e leigas exige o compromisso de evitar o roubo, a fraude e a apropriação indébita de bens materiais ou intelectuais que não lhes pertencem por direito. Leigos e leigas são encorajados a serem honestos em seus negócios, a pagar seus impostos, a respeitar a propriedade alheia e a evitar qualquer forma de exploração ou ganho ilícito.

Brahmacharya Anuvrata (Castidade Menor): O Mahavrata de Brahmacharya exige o celibato absoluto para monges e freiras. O Anuvrata de Brahmacharya para leigos e leigas exige o compromisso de fidelidade conjugal e moderação na atividade sexual. Leigos e leigas são encorajados a serem fiéis a seus parceiros, a evitar o adultério e a praticar a moderação nos prazeres sensuais, direcionando parte de sua energia para a prática espiritual e o desenvolvimento interior. Para os solteiros, o Anuvrata de Brahmacharya pode significar a abstinência sexual ou a prática da castidade em diferentes graus, dependendo de suas capacidades e aspirações.

Aparigraha Anuvrata (Não-Possessividade Menor): O Mahavrata de Aparigraha exige o desapego completo de bens materiais para monges e freiras. O Anuvrata de Aparigraha para leigos e leigas exige o compromisso de limitar a possessividade e o apego aos bens materiais, praticando a generosidade e o contentamento. Leigos e leigas são encorajados a evitar a cobiça, o consumismo excessivo e o acúmulo desnecessário de riquezas. Eles são incentivados a compartilhar seus recursos com os necessitados, a praticar a caridade e a viver com simplicidade e contentamento, reconhecendo que a verdadeira felicidade não reside nas posses materiais, mas sim na paz interior e na pureza da alma.

Além dos Anuvratas, existem diretrizes éticas adicionais para leigos e leigas que complementam os votos menores e oferecem um guia mais detalhado para a vida Jainista no cotidiano. Estas diretrizes incluem práticas como:

Diksha (Votos Adicionais): Leigos e leigas podem optar por tomar votos adicionais (Diksha) além dos Anuvratas, para fortalecer sua prática espiritual e aprofundar seu compromisso com o Dharma Jainista. Estes votos adicionais podem incluir restrições alimentares mais rigorosas (como evitar certos alimentos ou praticar jejuns mais longos), a prática regular da meditação (Samayika), o estudo das escrituras (Agama Adhyayana), a visita a templos Jainistas (Derasar) e outras práticas ascéticas e devocionais.

Samayika (Meditação Diária): A prática da meditação diária (Samayika) é fortemente encorajada para leigos e leigas Jainistas. Reservar um tempo diário para a meditação, mesmo que por um período curto, ajuda a acalmar a mente, a cultivar a autoconsciência e a fortalecer a conexão com o Dharma. A meditação pode ser praticada em diferentes formas, como a concentração na respiração, a contemplação dos ensinamentos

Jainistas, a recitação de mantras ou a prática da quietude mental.

Proshadhopavas (Jejum Periódico): A prática do jejum periódico (Proshadhopavas), geralmente uma ou duas vezes por mês, é outra diretriz ética importante para leigos e leigas Jainistas. O jejum periódico, mesmo que por um dia ou meio dia, ajuda a purificar o corpo e a mente, a fortalecer a autodisciplina e a gerar mérito espiritual. Leigos e leigas podem adaptar a prática do jejum às suas capacidades e condições de saúde, escolhendo a forma e a duração do jejum que melhor se adequa às suas necessidades.

Atithi-Samvibhag (Compartilhar com Ascetas): A prática de Atithi-Samvibhag, que significa "compartilhar com os hóspedes ascetas", é uma diretriz ética que enfatiza a importância de apoiar a comunidade monástica Jainista através da doação de alimento, vestuário e abrigo. Leigos e leigas são encorajados a oferecer hospitalidade e sustento aos monges e freiras Jainistas, reconhecendo o valor de seu caminho ascético e a importância de preservar a tradição monástica. Essa prática também visa a cultivar a generosidade e o desapego nos leigos e leigas, ao compartilhar seus recursos com aqueles que renunciaram ao mundo material.

Participação em Rituais e Festivais Jainistas: Leigos e leigas são encorajados a participar ativamente dos rituais e festivais Jainistas realizados em templos (Derasar) ou em comunidades Jainistas. A participação em rituais como Puja (adoração), Aarti (oferta de luz) e festivais como Mahavir Jayanti (aniversário de

Mahavira) e Paryushan Parva (festival do perdão) fortalece a conexão com a comunidade Jainista, nutre a fé e a devoção, e proporciona oportunidades para a prática espiritual em grupo.

O papel do leigo e da leiga na sustentação da Sangha e na prática do Dharma é crucial para a vitalidade e continuidade da tradição Jainista. Enquanto monges e freiras se dedicam integralmente à prática ascética e à preservação dos ensinamentos, leigos e leigas desempenham um papel fundamental no sustento material e social da Sangha, oferecendo apoio financeiro, alimento, vestuário e abrigo aos ascetas, e criando um ambiente social propício para a prática do Dharma. Essa relação de interdependência e apoio mútuo entre a comunidade monástica e a comunidade laica é uma característica distintiva do Jainismo, garantindo que a tradição seja preservada e transmitida para as futuras gerações.

A busca por uma vida ética e virtuosa no contexto da vida cotidiana é o cerne da prática Jainista para leigos e leigas. Os Anuvratas e as diretrizes éticas oferecem um mapa prático para viver de acordo com os princípios Jainistas no mundo, sem a necessidade de renunciar à vida familiar, profissional ou social. Leigos e leigas Jainistas buscam aplicar os valores da Ahimsa, da verdade, da não-cobiça, da castidade e da não-possessividade em todas as suas atividades diárias, em seus relacionamentos, em seus negócios, em suas escolhas de consumo e em suas interações com o meio ambiente. Eles se esforçam para viver de forma consciente, responsável e compassiva, buscando o bem-estar de todos os seres e o progresso espiritual gradual em sua jornada rumo à libertação.

Em resumo, as práticas Jainistas para leigos e leigas, centradas nos Anuvratas e em um conjunto abrangente de diretrizes éticas, oferecem um caminho valioso e acessível para vivenciar o Dharma Jainista no contexto da vida cotidiana. Estes votos e diretrizes proporcionam um guia prático para a conduta moral, social e religiosa, permitindo que leigos e leigas cultivem a não-violência, a verdade, a não-cobiça, a castidade e a não-possessividade em suas vidas diárias, buscando o progresso espiritual gradual, a vida virtuosa e a contribuição para um mundo mais justo, pacífico e compassivo. No próximo capítulo, exploraremos a dieta Jainista e o vegetarianismo, desvendando os princípios da alimentação Jainista como uma expressão fundamental do princípio da Ahimsa e um componente essencial do estilo de vida Jainista para todos os praticantes, monges, freiras, leigos e leigas.

Capítulo 15
A Dieta Jainista

No mosaico multifacetado da tradição Jainista, a dieta assume um significado que transcende a mera nutrição física, elevando-se a uma expressão viva e quotidiana do princípio fundamental da Ahimsa (Não-Violência). A dieta Jainista, intrinsecamente ligada ao vegetarianismo, não é apenas uma escolha alimentar, mas sim um compromisso ético e espiritual profundo, uma prática consciente que busca minimizar ao máximo a violência e o sofrimento infligido a outros seres vivos, mesmo no ato essencial de se alimentar para sustentar a própria vida. Explorar a dieta Jainista é desvendar um sistema alimentar único e rigoroso, guiado pela compaixão, pela responsabilidade ecológica e pela busca pela purificação da alma, oferecendo um modelo inspirador para uma alimentação mais ética e consciente no mundo contemporâneo.

O vegetarianismo como uma expressão de Ahimsa é o fundamento ético da dieta Jainista. Como já exploramos extensivamente, a Ahimsa, a não-violência em todas as suas formas, é a pedra angular da ética Jainista. Nesse contexto, a dieta vegetariana surge como uma aplicação prática e concreta da Ahimsa no cotidiano, buscando evitar qualquer participação na violência inerente à produção de carne e outros produtos de origem animal. Para o Jainista, consumir carne significa contribuir diretamente para o ciclo de sofrimento e morte infligido aos animais, seres vivos que, como os humanos, possuem alma (Jiva) e a capacidade de sentir dor e medo. Ao optar pelo vegetarianismo, o Jainista busca alinhar suas escolhas alimentares com o princípio da Ahimsa, cultivando a compaixão e o respeito por toda a vida.

A dieta Jainista não é apenas vegetariana, mas vegana para os ascetas mais rigorosos e predominantemente lacto-vegetariana para leigos e leigas, com nuances e graus de rigor que variam entre as diferentes seitas e tradições Jainistas. O veganismo Jainista, praticado principalmente por monges e freiras Digambara e por alguns Svetambara ascetas, exclui completamente todos os produtos de origem animal, incluindo carne, peixe, ovos, laticínios e mel. Essa prática visa a evitar qualquer forma de exploração animal e a reduzir ao máximo a violência na alimentação.

O lacto-vegetarianismo Jainista, mais comum entre leigos e leigas e na tradição Svetambara em geral, permite o consumo de laticínios (leite, queijo, iogurte, etc.), mas continua a excluir carne, peixe e ovos. Mesmo no lacto-vegetarianismo Jainista, existe uma preocupação constante em garantir que os laticínios sejam obtidos de forma ética e não-violenta, evitando práticas que causem sofrimento ou exploração excessiva aos animais. Alguns Jainistas lacto-vegetarianos também evitam o consumo de mel, por considerá-lo como um produto de exploração das abelhas.

As restrições alimentares Jainistas vão além da exclusão de produtos de origem animal, abrangendo também certos tipos de vegetais e raízes, dependendo da tradição e do grau de rigor ascético. Algumas tradições Jainistas, especialmente entre os Digambaras, evitam o consumo de raízes e tubérculos como batata, cenoura, rabanete, cebola e alho. Essa restrição se baseia no princípio da Ekindriya Jiva Himsa, a não-violência a seres de um sentido. Raízes e tubérculos são considerados como possuindo um maior potencial de vida latente e como abrigando um maior número de microorganismos, e sua colheita é vista como envolvendo um maior grau de violência e destruição de formas de vida. Essa restrição é mais comum entre os ascetas e menos seguida pelos leigos e leigas, que geralmente consomem uma variedade maior de vegetais.

Os princípios por trás das restrições alimentares Jainistas refletem a aplicação rigorosa da Ahimsa e a busca pela minimização da violência na alimentação. Os principais princípios que guiam a dieta Jainista incluem:

Ahimsa (Não-Violência): Como princípio central, a Ahimsa motiva a exclusão de carne, peixe e ovos, e a redução máxima do consumo de produtos de origem animal, visando a evitar a violência e o sofrimento infligido aos animais.

Karuna (Compaixão): A compaixão por todos os seres vivos motiva a escolha de uma dieta que cause o mínimo de dano e sofrimento possível a outras criaturas.

A dieta Jainista busca refletir a compaixão em cada refeição, reconhecendo a interconexão de toda a vida.

Aparigraha (Não-Possessividade): O princípio da Não-Possessividade se reflete na simplicidade e na moderação da dieta Jainista. Evitar alimentos luxuosos, indulgentes ou excessivamente processados, e optar por alimentos simples, naturais e nutritivos, alinha-se com o princípio do desapego e do contentamento.

Samyama (Autodisciplina): A dieta Jainista exige autodisciplina e controle dos desejos sensoriais, especialmente o paladar. Restringir certos tipos de alimentos e praticar o jejum periódico são formas de fortalecer a autodisciplina e refinar a mente, direcionando a energia para a prática espiritual.

Viveka (Discernimento): O discernimento e a sabedoria guiam as escolhas alimentares Jainistas. Compreender as consequências kármicas das ações, incluindo as escolhas alimentares, e discernir entre alimentos que promovem a saúde física e espiritual e aqueles que a prejudicam, é essencial para a prática da dieta Jainista.

Implicações práticas da dieta Jainista no dia a dia abrangem diversos aspectos da vida cotidiana, desde a escolha dos alimentos e o preparo das refeições até o comportamento social e a alimentação fora de casa. Na escolha dos alimentos, o Jainista consciente busca priorizar alimentos vegetarianos, de preferência veganos, frescos, naturais e minimamente processados. Ler rótulos, questionar a origem dos alimentos e optar por produtos de origem ética e sustentável são práticas comuns.

No preparo das refeições, a dieta Jainista incentiva a simplicidade, a moderação e o cuidado no preparo dos alimentos, evitando o desperdício e o consumo excessivo de energia e recursos. Cozinhar com intenção compassiva, em um ambiente limpo e pacífico, e oferecer a comida como uma oferenda antes de comer são práticas devocionais.

No comportamento social e na alimentação fora de casa, o Jainista enfrenta o desafio de manter sua dieta em um mundo que muitas vezes não compreende ou não respeita as restrições alimentares Jainistas. Explicar gentilmente suas escolhas alimentares, buscar opções vegetarianas ou veganas em restaurantes e eventos sociais, e levar sua própria comida quando necessário são estratégias comuns. A flexibilidade e a adaptação são importantes, mantendo sempre o compromisso com os princípios éticos da Ahimsa e da compaixão.

Benefícios da dieta Jainista para a saúde física, mental e espiritual são reconhecidos tanto pela tradição Jainista quanto pela ciência moderna. Do ponto de vista da saúde física, a dieta Jainista, rica em vegetais, frutas, grãos integrais e leguminosas, e restrita em gorduras saturadas, colesterol e alimentos processados, pode contribuir para a prevenção de doenças crônicas como doenças cardíacas, diabetes tipo 2, certos tipos de câncer e obesidade. Estudos têm demonstrado que vegetarianos e veganos tendem a ter um índice de massa corporal (IMC) mais saudável, níveis de colesterol mais baixos e menor risco de desenvolver essas doenças.

Do ponto de vista da saúde mental, a dieta Jainista, ao promover a moderação, a simplicidade e o contentamento, pode contribuir para o bem-estar emocional e mental. A prática da alimentação consciente (Mindful Eating), a gratidão pelos alimentos e a redução do apego aos prazeres sensoriais podem acalmar a mente, reduzir o estresse e cultivar a paz interior.

Do ponto de vista da saúde espiritual, a dieta Jainista é vista como um meio essencial para a purificação da alma e o progresso espiritual. Ao alinhar as escolhas alimentares com os princípios da Ahimsa e da compaixão, o Jainista fortalece sua prática ética, acumula mérito espiritual e avança rumo à libertação (Moksha). A dieta Jainista não é apenas uma forma de nutrir o corpo, mas também uma prática espiritual contínua, um ato de devoção e um caminho para a autotransformação.

Finalmente, a relevância da dieta Jainista no mundo moderno ressoa com urgência crescente em um contexto global marcado por preocupações éticas, ambientais e de saúde relacionadas à produção e ao consumo de alimentos. Em um mundo onde a produção de carne e laticínios contribui significativamente para as emissões de gases de efeito estufa, o desmatamento, a poluição da água e a exploração animal em larga escala, a dieta Jainista oferece um modelo alimentar mais sustentável e compassivo, alinhado com os valores da responsabilidade ambiental e da ética animal.

Além disso, em um mundo onde as doenças crônicas relacionadas à dieta são uma das principais causas de morbidade e mortalidade, a dieta Jainista, rica em alimentos vegetais integrais, oferece um caminho para uma alimentação mais saudável e preventiva, promovendo o bem-estar físico e a longevidade. A dieta Jainista, portanto, não é apenas uma prática religiosa antiga, mas sim um modelo alimentar relevante e inspirador para o século XXI, um convite a repensar nossas escolhas alimentares, a cultivar a compaixão e a responsabilidade, e a construir um futuro mais ético, saudável e sustentável para todos os seres vivos.

Em resumo, a dieta Jainista e o vegetarianismo representam uma expressão profunda e abrangente do princípio da Ahimsa no cotidiano. Muito mais do que uma simples restrição alimentar, a dieta Jainista é um compromisso ético e espiritual, um caminho para a purificação da alma, a saúde integral e a contribuição para um mundo mais compassivo e sustentável. Ao explorar os princípios, as práticas e os benefícios da dieta Jainista, podemos nos inspirar a repensar nossas próprias escolhas alimentares, a cultivar a compaixão no prato e a trilhar um caminho de alimentação mais ética, consciente e responsável, em benefício de nós mesmos, de outros seres vivos e do planeta. No próximo e último capítulo, exploraremos a relevância contemporânea do Jainismo, desvendando como os princípios e valores Jainistas podem ser aplicados e vivenciados no mundo moderno, enfrentando os desafios e as oportunidades do século XXI.

Capítulo 16
Templos e Rituais Jainistas

No panorama multifacetado da tradição Jainista, os templos (Derasar) e os rituais desempenham um papel crucial, oferecendo espaços sagrados para o culto, a devoção e a prática espiritual, e servindo como centros vibrantes da comunidade Jainista. Estes locais de culto, ricamente imbuídos de simbolismo e significado, não são meros edifícios, mas sim portais para a transcendência, espaços onde o praticante Jainista pode se conectar com os Tirthankaras, cultivar a fé e a devoção (Bhakti), e aprofundar sua jornada rumo à libertação (Moksha). Explorar os templos e rituais Jainistas é adentrar o coração pulsante da prática devocional Jainista, desvendando a riqueza de seu simbolismo, a beleza de suas cerimônias e a importância de sua função comunitária e cultural.

A arquitetura e o simbolismo dos templos Jainistas (Derasar) refletem os valores e princípios centrais da filosofia Jainista, como a Ahimsa (não-violência), a pureza, a serenidade e a busca pela transcendência. Os templos Jainistas, conhecidos como Derasar (termo Gujarati) ou Mandir (termo Hindi), são geralmente construídos seguindo princípios arquitetónicos específicos, com características distintivas que os diferenciam de outros templos religiosos indianos.

A estrutura básica de um Derasar geralmente inclui:

Garbhagriha (Santuário Interior): O coração do templo, onde a imagem principal do Tirthankara (Murtis) é instalada. É o espaço mais sagrado do templo, reservado para os rituais mais importantes e para a presença dos sacerdotes (Pujari).

Gudhamandapa (Salão de Reunião): Um salão espaçoso em frente ao Garbhagriha, onde os devotos se reúnem para orações, cantos e discursos religiosos. O Gudhamandapa pode ser ricamente decorado com pilares esculpidos, cúpulas e pinturas.

Mukhamandapa (Pórtico de Entrada): Um pórtico ou varanda na entrada do templo, que serve como espaço de transição entre o mundo exterior e o espaço sagrado do templo.

Shikhar (Pináculo ou Torre): Uma torre elevada e elaboradamente esculpida, que se eleva acima do Garbhagriha, marcando a presença do templo e servindo como um ponto focal visual.

Manastambha (Coluna da Honra): Uma coluna alta e imponente, geralmente localizada em frente ao templo, adornada com esculturas e símbolos Jainistas. O Manastambha simboliza a refutação do orgulho e a entrada humilde no templo.

O simbolismo presente na arquitetura Jainista é profundo e multifacetado. A orientação leste da maioria dos templos simboliza a busca pela iluminação, que surge com o sol nascente. As esculturas elaboradas e os motivos ornamentais representam a beleza e a perfeição do universo Jainista, e a multiplicidade de seres vivos. As imagens dos Tirthankaras no Garbhagriha representam os seres iluminados, os modelos ideais de perfeição espiritual e os guias no caminho da libertação. A atmosfera de paz e serenidade que permeia os templos Jainistas visa a criar um ambiente propício para a introspecção, a meditação e a devoção.

As imagens dos Tirthankaras (Jinas) são os objetos centrais de veneração nos templos Jainistas. Os Tirthankaras, os "Construtores da Ponte", são seres humanos iluminados que alcançaram a libertação (Moksha) e que, por compaixão, ensinam o caminho da libertação para outros seres. Existem 24 Tirthankaras em cada ciclo cósmico, sendo Rishabhanatha o primeiro e Mahavira o último Tirthankara do ciclo atual.

As imagens dos Tirthankaras (Murtis) são representações idealizadas destes seres iluminados, caracterizadas por uma expressão serena e contemplativa, transmitindo paz, calma e ausência de paixões. As Murtis são geralmente representadas em duas posturas principais:

Kayotsarga (Postura de Abandono do Corpo): Uma postura ereta, com os braços retos ao lado do corpo ou ligeiramente afastados, representando a meditação em pé e o desapego do corpo físico. Esta postura simboliza o ascetismo radical e a renúncia ao mundo material.

Padmasana (Postura de Lótus): Uma postura sentada com as pernas cruzadas em lótus, representando a meditação sentada e o estado de equilíbrio e harmonia interior. Esta postura simboliza a tranquilidade mental e a estabilidade espiritual.

As Murtis dos Tirthankaras são geralmente feitas de pedra, mármore ou metal, e podem ser nudes (Digambara) ou vestidas com adornos simples (Svetambara), refletindo as diferentes tradições monásticas. As Murtis não são vistas como divindades no sentido teísta, mas sim como símbolos inspiradores dos ideais Jainistas, representando o potencial humano para alcançar a perfeição espiritual e a libertação. Venerar as Murtis não é buscar favores ou bênçãos, mas sim cultivar a devoção (Bhakti), inspirar-se nos exemplos dos Tirthankaras e fortalecer a própria jornada espiritual.

Os rituais diários e cerimônias nos templos Jainistas são práticas devocionais que visam a expressar a reverência aos Tirthankaras, a purificar a mente e o corpo, e a fortalecer a conexão com o Dharma. Alguns dos rituais e cerimônias mais comuns incluem:

Puja (Adoração): A Puja é um ritual diário de adoração aos Tirthankaras, que pode ser realizado individualmente ou em grupo, no templo ou em casa. A Puja envolve a oferta simbólica de oito substâncias (Ashtamangala) às Murtis dos Tirthankaras, representando os diferentes aspectos da jornada espiritual: água (pureza), sândalo (pureza), flores (não-violência), incenso (fragrância), lâmpada (conhecimento), arroz (pureza), frutas (libertação) e doces (bem-aventurança). Durante a Puja, os devotos recitam mantras, cantos e orações, expressando sua devoção e gratidão aos Tirthankaras.

Aarti (Oferta de Luz): A Aarti é uma cerimônia de oferta de luz, realizada geralmente ao amanhecer e ao entardecer nos templos Jainistas. Durante a Aarti, os sacerdotes (Pujari) ou devotos oferecem luzes acesas (lâmpadas, velas) às Murtis dos Tirthankaras, acompanhadas de cantos, música e orações. A Aarti simboliza a dissipação da escuridão da ignorância e a iluminação do conhecimento espiritual.

Abhisheka (Unção): O Abhisheka é um ritual de unção das Murtis dos Tirthankaras com água, leite, sândalo, açafrão e outras substâncias purificadoras. O Abhisheka é realizado em ocasiões especiais, como festivais e cerimônias de consagração de novas Murtis, simbolizando a purificação e a revitalização das imagens sagradas.

Stavana (Oração e Canto Devocional): A Stavana refere-se a orações, hinos e cânticos devocionais em louvor aos Tirthankaras, que são recitados individualmente ou em grupo, nos templos ou em casa. As Stavanas expressam a devoção (Bhakti), a gratidão e a admiração pelos Tirthankaras, buscando inspiração em seus exemplos e fortalecendo a fé e a conexão com o Dharma.

A importância da devoção (Bhakti) e da oração (Stavana) na prática Jainista reside em seu papel como meio de cultivar a fé, a humildade, a concentração e a conexão espiritual. Embora o Jainismo não seja uma tradição teísta no sentido convencional, a devoção aos Tirthankaras e a prática de rituais e orações são consideradas como práticas valiosas no caminho da purificação da alma. A Bhakti Jainista não é uma forma de adoração a um Deus criador, mas sim uma expressão de reverência e admiração pelos seres iluminados, buscando inspiração em seus exemplos e fortalecendo a própria aspiração à libertação. A devoção e a oração ajudam a acalmar a mente, a reduzir o egoísmo e o apego, e a cultivar qualidades espirituais como a compaixão, a gratidão e a humildade.

Finalmente, os templos Jainistas como centros de comunidade, educação e preservação cultural desempenham um papel multifacetado na vida Jainista, indo além de serem apenas locais de culto. Os Derasar servem como pontos de encontro para a comunidade Jainista, onde os praticantes se reúnem para rituais, festivais, discursos religiosos, eventos sociais e atividades comunitárias. Os templos também funcionam como centros de educação religiosa, oferecendo aulas, palestras, cursos e programas de estudo sobre a filosofia, a ética, as escrituras e as práticas Jainistas, para crianças, jovens e adultos. Além disso, os templos Jainistas atuam como guardiões da cultura Jainista, preservando a arte, a arquitetura, a literatura, as tradições rituais e os valores da comunidade Jainista, transmitindo-os para as futuras gerações.

Em resumo, os templos e rituais Jainistas representam uma dimensão essencial da tradição Jainista, oferecendo espaços sagrados para o culto, a devoção, a prática espiritual e a vida comunitária. A arquitetura e o simbolismo dos templos refletem os valores Jainistas, enquanto as imagens dos Tirthankaras inspiram a fé e a busca pela libertação. Os rituais diários e cerimônias, como Puja, Aarti, Abhisheka e Stavana, cultivam a devoção, a purificação e a conexão espiritual. Os templos Jainistas, mais do que meros edifícios, são centros vibrantes de comunidade, educação e preservação cultural, desempenhando um papel multifacetado na vida dos praticantes Jainistas e na continuidade da tradição Jainista ao longo dos séculos. No próximo capítulo, exploraremos a arte e a arquitetura Jainista em maior detalhe, desvendando o simbolismo e a estética distintiva da cultura visual Jainista.

Capítulo 17
Arte e Arquitetura Jainista

A arte e a arquitetura Jainista constituem um tesouro visual único e inspirador, que reflete os valores, a filosofia e a cosmovisão Jainista de forma eloquente e duradoura. Longe da exuberância ou do dramatismo de outras tradições artísticas religiosas, a arte Jainista caracteriza-se por uma estética serena, equilibrada e harmoniosa, imbuída de simbolismo profundo e intencional. Desde as esculturas majestosas dos Tirthankaras até os intrincados detalhes dos templos, a cultura visual Jainista transmite uma mensagem de paz, não-violência, autodisciplina e busca pela libertação, convidando o observador à contemplação, à introspecção e à conexão com o Dharma. Explorar a arte e a arquitetura Jainista é decifrar uma linguagem visual rica e complexa, que revela a essência da tradição Jainista e sua singular contribuição para a herança cultural da Índia e do mundo.

As características da arte Jainista revelam uma estética distintiva, moldada pelos princípios fundamentais do Jainismo. A arte Jainista não se destina a adornar ou entreter, mas sim a inspirar, educar e elevar espiritualmente o observador. Algumas das características mais marcantes da arte Jainista incluem:

Ênfase na Paz e Serenidade: A arte Jainista busca transmitir uma atmosfera de paz interior, calma e serenidade. As expressões faciais dos Tirthankaras nas esculturas, as cores suaves e harmoniosas nas pinturas e a arquitetura equilibrada dos templos contribuem para criar um ambiente que convida à contemplação e à meditação.

Não-Violência (Ahimsa) como Tema Central: O princípio da Ahimsa permeia toda a arte Jainista, manifestando-se na representação pacífica dos seres, na ausência de cenas violentas ou agressivas e na escolha de materiais e técnicas que minimizem o dano a outras formas de vida. A arte Jainista celebra a vida, a compaixão e o respeito por todos os seres vivos.

Idealização da Forma Humana: As representações dos Tirthankaras e de outras figuras espirituais na arte Jainista são altamente idealizadas, buscando expressar a perfeição espiritual e a ausência de paixões. As figuras são geralmente representadas com proporções harmoniosas, traços faciais serenos e corpos desprovidos de adornos excessivos, transmitindo uma imagem de pureza, autodisciplina e desapego.

Simbolismo Rico e Intencional: A arte Jainista é repleta de símbolos que representam conceitos filosóficos, princípios éticos e qualidades espirituais importantes no Jainismo. Cada elemento da arte Jainista, desde as posturas das figuras até os motivos ornamentais e as cores utilizadas, possui um significado simbólico profundo, que convida à interpretação e à reflexão.

Detalhe e Precisão: A arte Jainista frequentemente demonstra um alto nível de detalhe e precisão na execução, refletindo a importância da atenção cuidadosa, da diligência e da perfeição na prática espiritual Jainista. A elaboração intrincada das esculturas, as linhas finas e precisas nas pinturas e a arquitetura meticulosamente planejada dos templos testemunham o cuidado e a dedicação dos artistas Jainistas.

As representações dos Tirthankaras em esculturas e pinturas são as imagens mais veneradas e recorrentes na arte Jainista. Como já exploramos, os Tirthankaras são os seres iluminados que alcançaram a libertação e que ensinam o caminho do Dharma. As representações artísticas dos Tirthankaras servem como objetos de veneração e inspiração, recordando aos praticantes os ideais de perfeição espiritual e o potencial humano para alcançar a libertação.

As esculturas dos Tirthankaras são encontradas em templos, altares domésticos e locais de peregrinação Jainistas. Geralmente feitas de pedra, mármore, metal ou madeira, as esculturas variam em tamanho, desde pequenas estatuetas portáteis até imensas imagens monumentais. As esculturas seguem um cânon iconográfico rigoroso, com características padronizadas que identificam os Tirthankaras e expressam seus atributos espirituais:

Posturas Meditativas: As esculturas geralmente representam os Tirthankaras em Kayotsarga (postura em pé) ou Padmasana (postura de lótus), simbolizando a meditação, o ascetismo e a estabilidade espiritual.

Símbolos Individuais (Lanchhana): Cada Tirthankara é associado a um símbolo animal específico

(Lanchhana), que o distingue dos demais. Por exemplo, Rishabhanatha é associado ao touro, Ajitanatha ao elefante, e Mahavira ao leão. O Lanchhana geralmente é esculpido na base da estátua ou em outros elementos decorativos.

Shrivatsa: Um símbolo em forma de espiral ou losango gravado no peito dos Tirthankaras, representando a alma pura e infinita.

Três Sombrinhas (Chattra Traya): Três guarda-chuvas sobre a cabeça da estátua, simbolizando o domínio espiritual dos Tirthankaras sobre os três mundos (celestial, terrestre e infernal).

Halo (Prabhavali): Uma auréola ou halo circular ao redor da cabeça da estátua, representando a aura de luz e conhecimento que emana dos Tirthankaras.

As pinturas Jainistas, por sua vez, são encontradas em manuscritos ilustrados, painéis de templos, murais e outras formas de arte. As pinturas Jainistas utilizam uma paleta de cores suaves e terrosas, com ênfase em tons de vermelho, amarelo, verde e azul, criando uma atmosfera calma e harmoniosa. As pinturas frequentemente representam cenas da vida dos Tirthankaras, narrativas das escrituras Jainistas, diagramas cosmológicos (Lokapurusha) e representações simbólicas dos princípios Jainistas. A técnica de pintura Jainista tradicional, especialmente nos manuscritos ilustrados, é conhecida por sua precisão de linhas, detalhes minuciosos e cores vibrantes, aplicadas com tintas naturais derivadas de minerais, plantas e pigmentos orgânicos.

O uso de símbolos Jainistas é uma característica marcante da arte e arquitetura Jainista, conferindo-lhes um significado profundo e multifacetado. Alguns dos símbolos Jainistas mais importantes e recorrentes incluem:

Swastika: Um dos símbolos mais auspiciosos e universais do Jainismo, o Swastika (não confundir com a suástica nazista, que é uma inversão do símbolo Jainista) representa os quatro estados da existência que a alma pode experimentar no ciclo de reencarnação: celestial, humano, infernal e não-humano (animal ou vegetal). As quatro pontas do Swastika também podem representar as Quatro Gemas do Dharma: Conhecimento Correto, Visão Correta, Conduta Correta e Ascetismo Correto.

Shri Vatsa: Já mencionado, o Shri Vatsa, em forma de espiral ou losango no peito dos Tirthankaras, simboliza a alma pura e infinita, a essência da consciência libertada.

Nandavarta: Um diagrama em forma de estrela de nove pontas ou mandala quadrada, representando o Monte Meru, a montanha cósmica central do universo Jainista, e os diferentes níveis da cosmologia Jainista.

Darpana (Espelho): O espelho simboliza a alma pura e imaculada, que reflete a realidade sem distorção. Também pode representar a autoconsciência e a importância de refletir sobre as próprias ações e pensamentos.

Kalasha (Vaso Sagrado): O vaso cheio de água, frequentemente representado nos templos Jainistas, simboliza a plenitude, a prosperidade e a pureza.

Também pode representar o néctar da imortalidade e a busca pela libertação.

Peixes Gêmeos (Matsyayugala): Dois peixes lado a lado, nadando em direções opostas, simbolizam o ciclo de nascimento e morte (Samsara) e a dualidade da existência condicionada. Também podem representar a busca pelo equilíbrio e a superação da dualidade.

A arquitetura dos templos Jainistas é caracterizada por uma variedade de elementos e estilos, que variam de acordo com a região, o período histórico e a seita Jainista. No entanto, alguns elementos arquitetónicos são comuns à maioria dos templos Jainistas, refletindo os princípios e valores da tradição:

Pilares (Stambha): Os templos Jainistas frequentemente apresentam pilares ricamente esculpidos, sustentando os telhados, cúpulas e mandapas. Os pilares podem ser decorados com figuras de divindades, motivos geométricos, padrões florais e narrativas das escrituras Jainistas. Os pilares simbolizam a estabilidade, o suporte e a força do Dharma.

Cúpulas (Shikhar): Como mencionado, o Shikhar, o pináculo ou torre que se eleva acima do Garbhagriha, é uma característica distintiva dos templos Jainistas. As cúpulas podem variar em forma e tamanho, mas geralmente são elaboradamente esculpidas e adornadas, simbolizando a ascensão espiritual e a busca pela libertação.

Mandapas (Salões): Os Mandapas, os salões de reunião e oração, são espaços amplos e abertos, destinados a acomodar os devotos e as atividades comunitárias do templo. Os Mandapas podem ser decorados com pilares, esculturas, pinturas e janelas que permitem a entrada de luz natural, criando um ambiente arejado e acolhedor.

Toranas (Arcos Ornamentais): Os Toranas, arcos de entrada ricamente esculpidos, marcam a entrada para o templo ou para áreas sagradas dentro do templo. Os Toranas podem ser adornados com figuras de Yakshas e Yakshinis (divindades protetoras), animais, padrões geométricos e narrativas das escrituras Jainistas, simbolizando a entrada no espaço sagrado e a transição para o mundo espiritual.

Jali (Telas de Pedra Perfurada): Em alguns templos Jainistas, especialmente nos estilos arquitetónicos do oeste da Índia, as janelas e paredes podem ser construídas com Jali, telas de pedra perfurada com intrincados padrões geométricos ou florais. As Jali permitem a entrada de luz e ventilação, mantendo a privacidade e criando um efeito visual de luz e sombra.

A arte e a arquitetura Jainista como expressões da filosofia e dos valores Jainistas transcendem a mera estética visual, tornando-se veículos poderosos para a transmissão dos ensinamentos do Dharma. Ao contemplar as esculturas dos Tirthankaras, os símbolos Jainistas e a arquitetura dos templos, o praticante Jainista é lembrado dos ideais de não-violência, autodisciplina, pureza e busca pela libertação. A arte Jainista não apenas decora os espaços sagrados, mas também os impregna com significado espiritual, criando um ambiente propício para a devoção, a meditação e a transformação interior. A cultura visual Jainista, com sua beleza serena e simbolismo profundo, oferece uma valiosa contribuição para a herança artística e espiritual da humanidade, convidando à reflexão sobre os valores eternos da paz, da compaixão e da busca pela verdade. No próximo capítulo, exploraremos os festivais e celebrações Jainistas, desvendando as principais festividades religiosas e a forma como a comunidade Jainista celebra e vivencia o Dharma através do calendário festivo.

Capítulo 18
Principais Festividades Religiosas

O calendário Jainista é pontuado por uma série de festivais e celebrações que marcam datas religiosas importantes, homenageiam figuras veneradas e fortalecem o espírito comunitário da Sangha Jainista. Estes festivais, vibrantes em cor, devoção e significado, não são meras ocasiões festivas, mas sim oportunidades espirituais para aprofundar a prática do Dharma, renovar os votos, buscar a purificação da alma e celebrar os valores centrais do Jainismo. Explorar os festivais Jainistas é mergulhar no ritmo pulsante da vida religiosa Jainista, desvendando as tradições, os rituais e a profunda importância espiritual que permeiam estas datas festivas.

Mahavir Jayanti, a celebração do aniversário de Mahavira, o último Tirthankara do ciclo atual, é uma das festividades mais importantes e reverenciadas no calendário Jainista. Celebrada anualmente no décimo terceiro dia da quinzena escura do mês de Chaitra (geralmente em março ou abril), Mahavir Jayanti comemora o nascimento de Vardhamana, que mais tarde se tornaria Mahavira, o grande reformador e propagador do Jainismo. Neste dia auspicioso, os Jainistas celebram a vida, os ensinamentos e o legado de Mahavira, renovando seu compromisso com os princípios Jainistas e buscando inspiração em seu exemplo de ascetismo, não-violência e busca pela libertação.

As celebrações de Mahavir Jayanti variam em detalhes entre as diferentes seitas e regiões Jainistas, mas geralmente incluem elementos comuns como:

Visitas aos Templos (Derasar): Os Jainistas tradicionalmente visitam os templos (Derasar) em Mahavir Jayanti para oferecer orações, participar de rituais e venerar as Murtis (imagens) de Mahavira e outros Tirthankaras. Os templos são especialmente decorados e iluminados para a ocasião, criando uma atmosfera festiva e devocional.

Abhisheka (Unção Ritual): Em muitos templos, é realizado o Abhisheka, o ritual de unção das Murtis de Mahavira com água, leite e outras substâncias purificadoras. Este ritual simboliza a purificação e a revitalização da energia espiritual das imagens sagradas.

Processões e Desfiles: Em algumas cidades e comunidades Jainistas, são organizadas procissões e desfiles festivos em Mahavir Jayanti, com a Murti de Mahavira sendo levada em um palanquim ou carruagem pelas ruas, acompanhada de cantos, música e danças devocionais.

Leituras das Escrituras (Agama): Discursos religiosos e leituras das escrituras Jainistas (Agama) são realizados nos templos e centros comunitários em Mahavir Jayanti, relembrando os ensinamentos de Mahavira e inspirando os praticantes a seguir o caminho do Dharma.

Doações e Caridade (Dana): Em espírito de compaixão e generosidade, os Jainistas praticam a caridade e as doações (Dana) em Mahavir Jayanti, oferecendo alimento, roupas, dinheiro e outros auxílios aos necessitados. Campanhas de doação de sangue, distribuição de alimentos para os pobres e organização de eventos de serviço comunitário são comuns neste dia.

Jejum e Práticas Ascéticas: Alguns Jainistas observam jejum parcial ou completo em Mahavir Jayanti, como forma de praticar o ascetismo e a autodisciplina, emulação ao exemplo de Mahavira. Meditação, oração e outras práticas espirituais são intensificadas neste dia, buscando a purificação da alma e a conexão com o Dharma.

Paryushan Parva, conhecido como o "festival do perdão" e o festival mais importante do ano Jainista, é um período de oito dias de intensa prática espiritual, introspecção e arrependimento. Celebrado anualmente durante o mês de Bhadrapada (geralmente em agosto ou setembro), Paryushan Parva oferece aos Jainistas uma oportunidade valiosa para refletir sobre suas ações, palavras e pensamentos do ano anterior, para buscar o perdão por quaisquer transgressões e para renovar seu compromisso com os princípios Jainistas.

Os oito dias de Paryushan Parva são marcados por diversas práticas espirituais, incluindo:

Ayambil Tap: Muitos Jainistas praticam Ayambil Tap durante Paryushan, um tipo de jejum rigoroso que permite comer apenas uma vez ao dia, em um período específico, e apenas alimentos insossos e não cozidos. O

Ayambil Tap visa a purificar o corpo, fortalecer a autodisciplina e reduzir o apego aos prazeres do paladar.

Upvas (Jejum): Além do Ayambil Tap, muitos Jainistas também observam jejum completo (Upvas) por um ou mais dias durante Paryushan, abstendo-se de alimentos e água. O jejum é visto como uma forma poderosa de ascetismo, purificação e introspecção.

Pratikramana (Arrependimento e Confissão): O Pratikramana, o ritual diário de arrependimento e confissão, é praticado de forma intensificada durante Paryushan. Os Jainistas refletem sobre suas transgressões éticas e morais do ano anterior, pedem perdão a todos os seres vivos que possam ter prejudicado, e fazem votos para evitar repetir esses erros no futuro.

Leitura das Escrituras (Kalpa Sutra): Durante Paryushan, as escrituras Jainistas, especialmente o Kalpa Sutra, que narra a vida dos Tirthankaras, são lidas e explicadas nos templos e centros comunitários. O Kalpa Sutra é considerado um texto sagrado e inspirador, e sua leitura durante Paryushan visa a relembrar os ensinamentos do Dharma e fortalecer a fé.

Discursos Religiosos (Pravachan): Monges e freiras Jainistas proferem discursos religiosos (Pravachan) durante Paryushan, abordando temas como a Ahimsa, o Karma, o Moksha, a importância do perdão e a prática espiritual. Os Pravachan oferecem orientação, inspiração e esclarecimentos sobre o Dharma Jainista.

Kshamapana (Dia do Perdão): O último dia de Paryushan, conhecido como Samvatsari Pratikramana ou Kshamavani, é dedicado ao perdão. Neste dia, os

Jainistas buscam ativamente o perdão de todos os que possam ter ofendido, e oferecem perdão a todos que os tenham ofendido, através da fórmula tradicional "Micchami Dukkadam" (que significa "que todas as minhas transgressões sejam frutíferas de inutilidade"). O Kshamapana visa a purificar os relacionamentos, a cultivar a compaixão e a promover a harmonia social.

Diwali (Deepavali), o festival das luzes, embora também celebrado por Hindus e Sikhs, possui um significado especial para os Jainistas, marcando a data da libertação (Moksha) de Mahavira. Celebrado no último dia do mês de Ashvin, Diwali, para os Jainistas, não é apenas um festival de luzes e celebração da prosperidade, mas sim uma comemoração da iluminação e da libertação de Mahavira do ciclo de nascimento e morte. Neste dia, os Jainistas celebram o triunfo da luz do conhecimento sobre a escuridão da ignorância e o alcance do Nirvana por Mahavira.

As celebrações de Diwali Jainista incluem:

Nirvana Kalyanak Puja: Um Puja especial é realizado nos templos Jainistas em Diwali, conhecido como Nirvana Kalyanak Puja, para celebrar o Nirvana de Mahavira e venerar sua alma libertada (Siddha). Este Puja enfatiza a busca pela libertação e o ideal do Moksha.

Iluminação dos Templos e Lares: Assim como em outras tradições indianas, os Jainistas também iluminam seus templos e lares com lâmpadas de óleo (Diyas) e luzes elétricas em Diwali. A iluminação simboliza a luz do conhecimento espiritual que Mahavira trouxe ao mundo e a esperança de dissipar a escuridão da ignorância.

Lakshmi Puja (Simbólica): Embora a deusa Lakshmi seja mais proeminente no panteão Hindu, alguns Jainistas também realizam uma forma simbólica de Lakshmi Puja em Diwali, buscando prosperidade e bem-estar para o próximo ano. No entanto, a ênfase Jainista em Diwali permanece na celebração da libertação espiritual e não na busca por riquezas materiais.

Doce e Presentes: Troca de doces e presentes entre familiares e amigos é também uma prática comum em Diwali Jainista, fortalecendo os laços sociais e comunitários.

Akshaya Tritiya, celebrado no terceiro dia da quinzena brilhante do mês de Vaishakha (geralmente em abril ou maio), comemora um evento significativo na vida de Rishabhanatha, o primeiro Tirthankara do ciclo cósmico atual. Akshaya Tritiya marca o dia em que Rishabhanatha encerrou seu longo período de ascetismo e jejum, recebendo alimento pela primeira vez após sua iluminação (Kevala Jnana). Este festival celebra a importância da caridade (Dana), da compaixão e do sustento aos ascetas Jainistas.

As celebrações de Akshaya Tritiya incluem:

Reencenação do Primeiro Almoço de Rishabhanatha: Em alguns templos e comunidades Jainistas, é realizada uma reencenação simbólica do primeiro almoço de Rishabhanatha, com um monge ou devoto representando Rishabhanatha recebendo alimento dos leigos e leigas. Esta reencenação visa a relembrar a importância do apoio aos ascetas e a cultivar a gratidão pela oportunidade de praticar a caridade (Dana).

Oferta de Sugarcane Juice (Suco de Cana-de-Açúcar): Tradicionalmente, em Akshaya Tritiya, os Jainistas oferecem suco de cana-de-açúcar aos ascetas e aos templos, em memória do alimento original que Rishabhanatha recebeu. O suco de cana-de-açúcar simboliza a nutrição, a doçura e a pureza.

Dana (Caridade): Akshaya Tritiya é considerado um dia especialmente auspicioso para a prática da caridade (Dana) em todas as suas formas. Os Jainistas são encorajados a fazer doações para templos, instituições de caridade, ascetas e pessoas necessitadas, buscando acumular mérito espiritual e expressar compaixão.

Além destes festivais principais, o calendário Jainista inclui outras datas importantes e observâncias, como:

Pancha Kalyanakas: Celebrações que marcam os cinco eventos auspiciosos na vida de cada Tirthankara: Chyavana (concepção), Janma (nascimento), Diksha (renúncia), Kevala Jnana (iluminação) e Nirvana (libertação). Os Pancha Kalyanakas podem ser celebrados em datas específicas para cada Tirthankara ou em festivais coletivos.

Rohini Vrata: Um voto de jejum observado pelas mulheres Jainistas para buscar felicidade conjugal e prosperidade familiar. É observado em todos os meses lunares, com jejum no dia de Rohini Nakshatra (constelação).

Shashwati Vrata: Um voto de jejum perpétuo observado por alguns Jainistas, praticando jejum intermitente ao longo de toda a vida, em dias específicos do calendário lunar.

Os festivais e celebrações Jainistas como expressão da vida comunitária e da prática do Dharma desempenham um papel multifacetado na tradição Jainista. Eles fortalecem os laços comunitários, proporcionando oportunidades para os Jainistas se reunirem, celebrarem juntos, compartilharem a fé e fortalecerem seus relacionamentos. Os festivais também servem como veículos para a educação religiosa, transmitindo os ensinamentos do Dharma para as novas gerações através de rituais, discursos, leituras e atividades educativas. Além disso, os festivais Jainistas inspiram a prática espiritual, motivando os praticantes a intensificarem suas práticas ascéticas, a renovarem seus votos, a refletirem sobre suas vidas e a buscarem a purificação da alma. As celebrações Jainistas, em sua essência, são expressões vivas do Dharma, momentos de alegria, devoção e renovação espiritual que enriquecem a jornada Jainista e fortalecem a comunidade Jainista em todo o mundo. No próximo capítulo, exploraremos a comunidade Jainista e seu engajamento social, desvendando as contribuições Jainistas para a sociedade e o papel do Jainismo na promoção da paz, da não-violência e da justiça social.

Capítulo 19
Comunidade Jainista

A tradição Jainista, desde suas origens na Índia Antiga, jamais se restringiu ao domínio da contemplação individual e da prática ascética isolada. Pelo contrário, a comunidade Jainista (Sangha) sempre desempenhou um papel vital, atuando como um alicerce para a preservação da fé, a transmissão dos ensinamentos e a manifestação dos valores Jainistas no tecido social. Engajada ativamente com o mundo ao seu redor, a comunidade Jainista tem oferecido contribuições notáveis para a sociedade ao longo dos séculos, em áreas tão diversas como a filosofia, a arte, a literatura, a ciência e a ética, promovendo a paz, a não-violência e a justiça social. Explorar a comunidade Jainista e seu engajamento social é desvendar a face ativa e altruísta do Jainismo, compreendendo como seus valores transcendem a esfera individual e se irradiam, transformando positivamente o mundo.

A estrutura da comunidade Jainista (Sangha) é um pilar fundamental da tradição, constituindo a espinha dorsal que sustenta a fé e a prática Jainista ao longo das gerações. A Sangha Jainista, tradicionalmente dividida em quatro partes - monges (Sadhu), freiras (Sadhvi), leigos (Shravaka) e leigas (Shravika) - funciona como uma rede de apoio mútuo, aprendizado e prática espiritual, garantindo a continuidade e a vitalidade do Dharma Jainista.

O papel da Sangha na preservação da tradição é multifacetado e essencial. Os monges e freiras, dedicados integralmente à vida ascética, atuam como os guardiões dos ensinamentos, preservando as escrituras sagradas (Agamas), transmitindo o conhecimento do Dharma através da pregação e do ensino, e personificando os ideais Jainistas de renúncia, não-violência e autodisciplina. Os leigos e leigas, por sua vez, desempenham um papel crucial no sustento material e social da Sangha, oferecendo apoio financeiro, alimento, vestuário e abrigo aos ascetas, e criando um ambiente social propício para a prática e a disseminação dos valores Jainistas. Essa relação simbiótica e de apoio mútuo entre a comunidade monástica e a comunidade laica garante a continuidade da tradição e a transmissão do Dharma para as futuras gerações.

A importância da educação Jainista e da transmissão dos valores para as novas gerações é uma prioridade constante dentro da comunidade Jainista. Reconhecendo que a preservação da tradição depende da educação e do engajamento das futuras gerações, a comunidade Jainista investe significativamente em instituições educacionais, programas de ensino religioso e atividades culturais voltadas para crianças, jovens e adultos. Templos Jainistas (Derasar) e centros comunitários frequentemente oferecem aulas de Dharma, cursos de Jainologia, programas de estudo das escrituras, retiros espirituais e atividades lúdicas e educativas para crianças e jovens, visando a inculcar os valores Jainistas desde a infância, fortalecer a identidade religiosa e preparar as novas gerações para assumir a responsabilidade pela continuidade da tradição.

As contribuições Jainistas para a filosofia, a arte, a literatura, a ciência e a ética são vastas e profundas, enriquecendo o patrimônio cultural da Índia e do mundo. Na filosofia, o Jainismo desenvolveu sistemas lógicos e epistemológicos sofisticados, como o Anekantavada (relativismo) e o Syadvada (predicação condicional), que oferecem perspectivas únicas sobre a natureza da realidade, do conhecimento e da verdade, promovendo a tolerância, o diálogo e a compreensão da multiplicidade de pontos de vista. Na arte e arquitetura, como exploramos no capítulo anterior, o Jainismo legou templos majestosos, esculturas serenas e pinturas intrincadas, imbuídas de simbolismo profundo e uma estética distintiva, transmitindo os valores de paz, não-violência e busca pela libertação. Na literatura, os Agamas e outras escrituras Jainistas, preservadas em línguas antigas como Ardhamagadhi e Sânscrito, constituem um rico corpo de textos filosóficos, éticos, narrativos e poéticos, que exploram a jornada espiritual, a cosmologia Jainista e os princípios do Dharma.

Na área da ciência, embora o Jainismo não tenha desenvolvido uma tradição científica no sentido moderno, seus princípios filosóficos e éticos, como a Ahimsa e o Anekantavada, têm ressonância com conceitos científicos contemporâneos, como a ecologia, a física quântica e a teoria da complexidade, oferecendo insights valiosos para uma ciência mais ética, responsável e alinhada com a visão de interconexão e interdependência da vida. Na ética, a contribuição Jainista é inegável e seminal, com o princípio da Ahimsa (não-violência) como pedra angular de um sistema ético abrangente e rigoroso, que abarca todas as formas de vida e influencia a conduta individual, social e política, promovendo a compaixão, a justiça e a paz.

O engajamento social da comunidade Jainista em áreas como educação, saúde e bem-estar animal reflete a aplicação prática dos valores Jainistas na vida cotidiana e a busca por um mundo mais justo e compassivo. Em educação, instituições educacionais Jainistas, desde escolas primárias até universidades, oferecem ensino de qualidade, combinando o currículo acadêmico com a educação moral e ética baseada nos princípios Jainistas, formando cidadãos conscientes, responsáveis e virtuosos. Na área da saúde, hospitais e clínicas Jainistas, frequentemente administrados por organizações de caridade Jainistas, oferecem serviços de saúde acessíveis e compassivos, muitas vezes com ênfase em abordagens holísticas e preventivas, e com respeito pela dignidade e pelos direitos dos pacientes. No bem-estar animal, a comunidade Jainista é pioneira e exemplar, com um forte compromisso com a proteção dos animais, o vegetarianismo rigoroso, a promoção de alternativas éticas à exploração animal e o funcionamento de abrigos e santuários para animais resgatados.

O papel do Jainismo na promoção da paz, da não-violência e da justiça social é uma marca distintiva da tradição Jainista e uma contribuição relevante para o mundo contemporâneo. O princípio da Ahimsa, levado a suas últimas consequências no Jainismo, não é apenas uma abstenção da violência física, mas sim um imperativo ético abrangente que permeia todos os aspectos da vida, desde as escolhas alimentares e o comportamento individual até as políticas públicas e as relações internacionais. A comunidade Jainista, ao longo da história, tem se posicionado como uma voz em defesa da paz, da justiça e da não-violência, promovendo o diálogo, a tolerância, a compreensão mútua e a resolução pacífica de conflitos, tanto em nível interpessoal quanto em nível global. Em um mundo marcado pela violência, pela injustiça e pela desigualdade, o Jainismo oferece um caminho alternativo, um modelo de sociedade pacífica e compassiva, baseada nos princípios da não-violência, da responsabilidade e da interconexão de toda a vida.

Em resumo, a comunidade Jainista e seu engajamento social representam uma dimensão vital e dinâmica da tradição Jainista. A Sangha, com sua estrutura e interdependência entre monges, freiras e leigos, garante a preservação e a transmissão do Dharma. A educação Jainista visa a formar novas gerações imbuídas dos valores Jainistas. As contribuições Jainistas para a filosofia, a arte, a literatura, a ciência e a ética enriquecem o patrimônio cultural da humanidade. O engajamento social em educação, saúde e bem-estar animal demonstra a aplicação prática dos princípios Jainistas na vida cotidiana. O papel do Jainismo na promoção da paz, da não-violência e da justiça social oferece um caminho para um mundo mais compassivo e harmonioso. A comunidade Jainista, em sua diversidade e engajamento, continua a ser um farol de esperança e um agente de transformação positiva no mundo contemporâneo, irradiando os valores eternos do Jainismo para além de suas fronteiras religiosas e culturais. Na Parte IV deste livro, exploraremos o Jainismo no Mundo Moderno, aprofundando a análise da relevância contemporânea do Jainismo e suas aplicações em áreas como ciência, ambientalismo, construção da paz, diálogo inter-religioso e os desafios e oportunidades enfrentados pelo Jainismo no século XXI.

Capítulo 20
Jainismo e Ciência

No século XXI, em um mundo cada vez mais moldado pelos avanços da ciência e tecnologia, o diálogo entre as tradições religiosas antigas e o conhecimento científico moderno torna-se não apenas pertinente, mas essencial. O Jainismo, com sua rica filosofia e ética sofisticada, oferece uma perspectiva singular nesse diálogo, revelando pontos de convergência notáveis e insights valiosos que podem enriquecer tanto a compreensão científica da realidade quanto a aplicação ética do conhecimento científico. Explorar a relação entre Jainismo e ciência não significa buscar uma validação científica das doutrinas Jainistas, mas sim identificar paralelos conceituais, áreas de compatibilidade e potenciais contribuições que cada campo pode oferecer ao outro, promovendo uma visão mais abrangente e integrada do mundo e do lugar da humanidade nele.

Os paralelos entre os princípios Jainistas e conceitos científicos modernos emergem em diversas áreas, revelando afinidades surpreendentes entre uma sabedoria milenar e as descobertas da ciência contemporânea. Embora o Jainismo não seja uma tradição científica no sentido moderno, certos princípios fundamentais da filosofia Jainista ressoam com conceitos e modelos científicos, sugerindo uma compatibilidade subjacente e um terreno comum para o diálogo.

Em primeiro lugar, a ecologia e o princípio da Ahimsa encontram um ponto de convergência notável. A visão Jainista de Ahimsa (não-violência), que se estende a todas as formas de vida e reconhece a interconexão de todos os seres vivos (Jiva), ecoa os princípios fundamentais da ecologia moderna. A ecologia nos ensina sobre a complexidade das redes ecológicas, a interdependência das espécies e a importância da biodiversidade para a saúde do planeta. Da mesma forma, o Jainismo enfatiza a interconexão de toda a vida, a importância de respeitar e proteger todos os seres vivos, e a necessidade de viver em harmonia com a natureza. Ambas as perspectivas reconhecem que a violência contra a natureza, seja através da exploração excessiva dos recursos naturais, da poluição ou da destruição de habitats, tem consequências negativas não apenas para o meio ambiente, mas também para a própria humanidade. A Ahimsa Jainista, portanto, pode ser vista como um princípio ético fundamental para o ambientalismo, oferecendo uma base filosófica sólida para a proteção do planeta e a busca por um futuro sustentável.

Em segundo lugar, a física moderna, particularmente a física quântica e a teoria da relatividade, e o princípio do Anekantavada (relativismo) apresentam ressonâncias conceituais instigantes. O Anekantavada, a doutrina Jainista da multiplicidade de perspectivas e da relatividade da verdade, postula que a realidade é complexa, multifacetada e que nenhuma perspectiva única pode capturá-la completamente. Esta visão ecoa a complexidade e a natureza paradoxal da realidade revelada pela física moderna. A física quântica, por exemplo, demonstra que as partículas subatômicas podem se comportar tanto como ondas quanto como partículas, dependendo da perspectiva do observador. A teoria da relatividade de Einstein desafia as noções clássicas de espaço e tempo como entidades absolutas, mostrando que eles são relativos ao observador e ao seu referencial. Assim como o Anekantavada Jainista reconhece a validade de múltiplas perspectivas na compreensão da realidade, a física moderna revela que a realidade em si é multifacetada e depende da perspectiva do observador. O Anekantavada, portanto, pode ser visto como uma abordagem epistemológica precursora, que antecipa a complexidade e a relatividade da realidade que a ciência moderna revela.

Em terceiro lugar, a biologia e a teoria do Jiva podem ser exploradas em busca de pontos de conexão, embora com cautela e respeito pelas distinções entre os campos. O conceito Jainista de Jiva, a alma individual, consciente e eterna, presente em todos os seres vivos, pode ser interpretado, em uma perspectiva secular, como uma referência à força vital, à consciência ou à complexidade inerente à vida. Embora a ciência biológica não valide a existência da alma no sentido metafísico Jainista, ela reconhece a complexidade e a singularidade dos sistemas vivos, a presença de processos auto-organizacionais, a capacidade de resposta ao ambiente e, em níveis mais complexos, a manifestação da consciência. A visão Jainista do Jiva, portanto, pode ser vista como uma expressão filosófica antiga de uma intuição sobre a vitalidade e a singularidade da vida, que, de certa forma, ressoa com a admiração e a reverência pela complexidade da vida que também encontramos na biologia moderna. É crucial notar que esta comparação não busca validar cientificamente a crença na alma Jainista, mas sim identificar um ponto de diálogo e reflexão sobre a natureza da vida e da consciência.

A Ahimsa e a ética ambiental tornam-se particularmente relevantes no contexto da crise ecológica global que enfrentamos hoje. A visão Jainista de interconexão e respeito por toda a vida oferece uma base ética sólida para o ambientalismo e a busca por soluções sustentáveis para os desafios ambientais. O Jainismo nos convida a repensar nossa relação com a natureza, a abandonar a visão antropocêntrica que coloca os seres humanos no centro do universo e a adotar uma perspectiva biocêntrica ou ecocêntrica, que reconhece o valor intrínseco de todas as formas de vida e a necessidade de proteger e preservar a biodiversidade do planeta. A Ahimsa ambiental Jainista implica em reduzir o consumo, minimizar o desperdício, optar por práticas sustentáveis, proteger os habitats naturais e respeitar os direitos dos animais. Em um mundo ameaçado pelas mudanças climáticas, pela perda de biodiversidade, pela poluição e pela exploração predatória dos recursos naturais, a ética ambiental

Jainista oferece um guia valioso para a ação e um chamado à responsabilidade ecológica global.

O Anekantavada e a complexidade da realidade ressoam com a crescente compreensão científica de que o mundo é complexo, multifacetado e que os fenômenos naturais raramente podem ser explicados por modelos simplistas ou lineares. A ciência moderna, em diversas áreas como a física, a biologia, as ciências sociais e a teoria da complexidade, reconhece a importância da perspectiva, do contexto e da interconexão na compreensão da realidade. O Anekantavada Jainista, ao nos lembrar da multiplicidade de perspectivas e da relatividade da verdade, pode nos ajudar a desenvolver uma mente mais aberta, flexível e tolerante em relação à complexidade do mundo, tanto no campo científico quanto em outros domínios da vida. A perspectiva Jainista pode nos encorajar a superar o dogmatismo, o reducionismo e o pensamento binário, e a adotar uma abordagem mais holística, integrativa e dialógica na busca pelo conhecimento e na resolução de problemas complexos.

O Jainismo e a busca por uma ciência ética e responsável apontam para a necessidade de integrar valores éticos e espirituais na prática científica e na aplicação do conhecimento científico. O Jainismo, com sua ênfase na Ahimsa, na compaixão, na não-possessividade e na autodisciplina, pode oferecer um quadro ético valioso para orientar a pesquisa científica, a inovação tecnológica e a utilização do conhecimento científico para o bem-estar da humanidade e do planeta. Uma ciência eticamente informada pelo Jainismo buscaria minimizar o dano e o sofrimento, promover a justiça e a equidade, respeitar a diversidade da vida, e priorizar o bem comum acima dos interesses particulares ou comerciais. O diálogo entre o Jainismo e a ciência pode contribuir para o desenvolvimento de uma ciência mais humana, responsável e sustentável, que reconheça os limites do conhecimento científico, a importância da humildade intelectual e a necessidade de considerar as implicações éticas e sociais de cada avanço científico.

Em conclusão, o Jainismo e a ciência, embora trilhem caminhos distintos na busca pelo conhecimento, revelam pontos de convergência e insights mútuos que enriquecem a nossa compreensão do mundo. O Jainismo oferece uma ética da não-violência que ressoa com os princípios da ecologia e um chamado à responsabilidade ambiental. O Anekantavada antecipa a complexidade e a relatividade da realidade reveladas pela física moderna. A filosofia do Jiva inspira uma reflexão sobre a natureza da vida e da consciência. O diálogo entre Jainismo e ciência pode contribuir para o desenvolvimento de uma ciência mais ética, responsável e holística, e para uma visão de mundo mais integrada, compassiva e sustentável. É importante ressaltar que este diálogo não visa a submeter a fé à razão ou a validar cientificamente as crenças religiosas, mas sim a explorar as ricas interseções entre sabedoria antiga e conhecimento moderno, buscando um futuro em que a ciência e a espiritualidade possam caminhar juntas em direção a um mundo melhor. No próximo capítulo, aprofundaremos a discussão sobre a ética ambiental Jainista, explorando em detalhes a relevância ecológica do princípio da Ahimsa.

Capítulo 21
Jainismo e Ambientalismo

Em um mundo que enfrenta desafios ambientais sem precedentes, desde as mudanças climáticas até a perda de biodiversidade e a poluição generalizada, a sabedoria ancestral das tradições religiosas pode oferecer perspectivas e guias valiosos para a ação. O Jainismo, com seu princípio central da Ahimsa (Não-Violência), emerge como uma voz profética e relevante no debate ambiental contemporâneo, oferecendo uma ética ecológica profunda e abrangente, capaz de inspirar uma transformação radical em nossa relação com a natureza e o planeta. Explorar o Jainismo e o ambientalismo é desvendar a relevância ecológica da Ahimsa, compreendendo como este princípio ético milenar pode fornecer um fundamento sólido para a proteção do meio ambiente, a promoção da sustentabilidade e a busca por um futuro harmonioso para todos os seres vivos.

Ahimsa como princípio fundamental do ambientalismo Jainista constitui o alicerce de uma ética ecológica singularmente profunda e abrangente. Como já reiteramos, a Ahimsa Jainista não se limita à ausência de violência física contra seres humanos, mas se estende a todas as formas de vida (Jiva), reconhecendo que cada ser vivo possui uma alma, a capacidade de sentir dor e sofrimento, e o direito à vida e ao bem-estar. Essa visão inclusiva da Ahimsa transcende o antropocentrismo comum em muitas outras tradições éticas, colocando a proteção de toda a vida no centro da moralidade e da ação.

No contexto ambiental, a Ahimsa se manifesta como um imperativo ético para evitar qualquer forma de violência contra a natureza, seja através da exploração predatória dos recursos naturais, da poluição, da destruição de habitats, da extinção de espécies ou de qualquer ação que cause dano ou sofrimento aos ecossistemas e aos seres vivos que os habitam. O ambientalismo Jainista, portanto, não é apenas uma questão de proteção do meio ambiente para o benefício humano, mas sim um compromisso intrínseco com a não-violência, uma extensão natural do princípio da Ahimsa ao reino da natureza, reconhecendo a interconexão de todos os seres e a importância de viver em harmonia com o mundo natural.

A proteção de todas as formas de vida e a rejeição da exploração da natureza são corolários lógicos do princípio da Ahimsa no contexto ambiental Jainista. Para o Jainista, a natureza não é meramente um conjunto de recursos a serem explorados para o benefício humano, mas sim um lar compartilhado por inúmeras formas de vida, cada uma com seu próprio valor intrínseco e direito à existência. A exploração predatória da natureza, impulsionada pela ganância, pelo consumismo e pela falta de consideração pelos outros seres vivos, é vista como uma forma de violência, uma transgressão ao princípio da Ahimsa e uma fonte de sofrimento e desequilíbrio para o planeta.

O Jainismo rejeita a visão antropocêntrica que coloca os seres humanos no centro da criação e os considera superiores às outras formas de vida. Em vez disso, propõe uma perspectiva biocêntrica ou ecocêntrica, que reconhece o valor inerente de todos os seres vivos, independentemente de sua utilidade para os humanos, e que enfatiza a importância de proteger e preservar a biodiversidade do planeta. A proteção de florestas, rios, oceanos, animais, plantas e microorganismos não é apenas uma questão de responsabilidade ambiental, mas sim um imperativo moral para o Jainista, uma expressão da Ahimsa e da compaixão universal.

As práticas ecológicas Jainistas decorrem diretamente do princípio da Ahimsa e da ética ambiental Jainista, oferecendo um guia prático para viver de forma mais sustentável e compassiva. Algumas das práticas ecológicas Jainistas mais relevantes incluem:

Vegetarianismo Rigoroso e Veganismo: Como exploramos no Capítulo 15, a dieta Jainista, centrada no vegetarianismo e, idealmente, no veganismo, é uma expressão fundamental da Ahimsa na alimentação. Ao evitar o consumo de carne e outros produtos de origem animal, o Jainista reduz sua participação na violência inerente à produção pecuária, que contribui significativamente para o desmatamento, as emissões de gases de efeito estufa, a poluição da água e a exploração animal em larga escala. O vegetarianismo Jainista, portanto, é uma prática ecológica essencial, que minimiza o impacto ambiental da alimentação e promove uma relação mais compassiva com os animais.

Consumo Consciente e Minimalista: O princípio Jainista da Aparigraha (Não-Possessividade) se traduz em práticas de consumo consciente e minimalista. O Jainista é encorajado a reduzir o consumo excessivo, a evitar o desperdício, a optar por produtos duráveis, reutilizáveis e de origem ética e sustentável. O consumismo desenfreado, impulsionado pela ganância e pelo apego aos bens materiais, é visto como uma fonte de violência contra a natureza e de desequilíbrio social. O consumo consciente Jainista busca a simplicidade, a moderação e o contentamento, alinhando o estilo de vida com os princípios da Ahimsa e da sustentabilidade.

Redução e Gestão de Resíduos: A preocupação com a não-violência se estende à gestão de resíduos no Jainismo. Os praticantes são encorajados a reduzir a produção de lixo, a reciclar, a compostar e a descartar os resíduos de forma responsável, minimizando o impacto ambiental da poluição e da contaminação. O princípio da Ahimsa, neste contexto, implica em evitar a violência contra o meio ambiente através da poluição e da degradação dos ecossistemas, e em buscar soluções sustentáveis para a gestão de resíduos.

Uso Consciente de Recursos Naturais: O Jainismo enfatiza o uso consciente e responsável dos recursos naturais, como água, energia, terra e minerais. Os praticantes são incentivados a economizar água e energia, a utilizar fontes de energia renováveis, a proteger o solo e a evitar o desperdício de recursos naturais. O princípio da Ahimsa, neste contexto, implica em evitar a exploração predatória dos recursos naturais e em buscar formas de vida que sejam sustentáveis a longo prazo, respeitando os limites do planeta e as necessidades das futuras gerações.

Promoção da Biodiversidade e da Conservação da Natureza: O Jainismo valoriza a biodiversidade e a beleza da natureza, reconhecendo a importância de proteger os habitats naturais, as espécies ameaçadas e os ecossistemas frágeis. Os praticantes são encorajados a apoiar iniciativas de conservação da natureza, a participar de projetos de reflorestamento, a proteger os animais selvagens e a promover a educação ambiental. O princípio da Ahimsa, neste contexto, implica em defender os direitos da natureza, reconhecer o valor intrínseco de todas as formas de vida e buscar um relacionamento harmonioso com o mundo natural.

O Jainismo e a busca por um futuro sustentável e harmonioso para o planeta refletem uma visão de mundo integrada e abrangente, que reconhece a interconexão de todos os seres vivos e a necessidade de construir uma sociedade mais justa, pacífica e sustentável. A ética ambiental Jainista oferece um guia valioso para a ação no contexto da crise ecológica global, propondo um caminho de transformação pessoal e social baseado nos princípios da Ahimsa, da compaixão, da não-possessividade e da sabedoria.

O Jainismo nos convida a repensar nossos valores, nossos hábitos e nosso estilo de vida, a abandonar o consumismo desenfreado, a ganância e a exploração predatória, e a adotar uma perspectiva mais compassiva, responsável e sustentável em relação ao planeta e a todos os seus habitantes. A busca por um futuro sustentável, na perspectiva Jainista, não é apenas uma questão de tecnologia ou política, mas sim uma transformação ética e espiritual profunda, que exige uma mudança de consciência, uma expansão da compaixão e um compromisso sincero com a não-violência em todas as suas formas.

Em conclusão, o Jainismo e o ambientalismo encontram-se no princípio da Ahimsa, uma ética da não-violência que se estende a toda a vida e ao planeta. A ética ambiental Jainista propõe a proteção de todas as formas de vida, a rejeição da exploração predatória da natureza e a adoção de práticas ecológicas como o vegetarianismo, o consumo consciente, a redução de resíduos e o uso responsável dos recursos naturais. O Jainismo oferece uma visão inspiradora para a busca de um futuro sustentável e harmonioso, baseado na compaixão, na responsabilidade e na interconexão de toda a vida. Em um mundo que clama por soluções para a crise ambiental, a sabedoria ecológica Jainista oferece um caminho valioso e relevante, convidando-nos a agir com Ahimsa em benefício de nós mesmos, de outros seres vivos e do planeta como um todo. No próximo capítulo, exploraremos o papel do Jainismo na construção da paz, desvendando como os princípios Jainistas podem ser aplicados na resolução de conflitos e na promoção da harmonia social.

Capítulo 22
A Construção da Paz

Em um mundo frequentemente assolado por conflitos, violência e divisões, a mensagem de paz do Jainismo ressoa com uma urgência e relevância singulares. A tradição Jainista, centrada no princípio supremo da Ahimsa (Não-Violência), não apenas condena a violência em todas as suas formas, mas também oferece um caminho prático e transformador para a construção da paz, tanto em nível individual quanto coletivo. Explorar o Jainismo e a construção da paz é desvendar o potencial revolucionário da Ahimsa como uma ferramenta poderosa para a resolução de conflitos, compreendendo como seus princípios podem ser aplicados para promover a harmonia, a justiça e a coexistência pacífica em um mundo fragmentado.

Ahimsa como ferramenta para a resolução de conflitos interpessoais, sociais e internacionais representa o cerne da abordagem Jainista à paz. Longe de ser apenas uma abstenção passiva da violência, a Ahimsa Jainista é uma força ativa e dinâmica, um princípio ético que pode ser aplicado de forma construtiva para transformar situações de conflito, restaurar relacionamentos e construir pontes de entendimento e cooperação. A Ahimsa, neste contexto, não é apenas a ausência de violência física, mas também a ausência de violência verbal, mental e emocional, buscando erradicar as raízes do conflito em todos os níveis da experiência humana.

Em nível interpessoal, a aplicação da Ahimsa na resolução de conflitos implica em responder à raiva com calma, ao ódio com amor, à violência com não-violência. Em situações de desentendimento ou confronto, o Jainista é encorajado a praticar a escuta atenta, a comunicação compassiva e a busca por soluções pacíficas que respeitem os direitos e as necessidades de todas as partes envolvidas. Evitar palavras duras, julgamentos precipitados e reações impulsivas é essencial para de-escalar o conflito e criar um espaço para o diálogo construtivo e a reconciliação.

Em nível social e comunitário, a Ahimsa pode ser aplicada para resolver tensões, promover a justiça social e construir comunidades pacíficas e inclusivas. O Jainismo encoraja o diálogo inter-grupal, a promoção da igualdade e da equidade, a defesa dos direitos humanos e a luta contra a discriminação e a injustiça através de meios não-violentos. A ação social inspirada pela Ahimsa busca transformar as estruturas sociais que geram violência e desigualdade, construindo uma sociedade mais justa, compassiva e harmoniosa para todos os seus membros.

Em nível internacional, a aplicação da Ahimsa na resolução de conflitos implica em buscar soluções diplomáticas, promover o diálogo intercultural e defender a paz através de meios não-violentos. O Jainismo rejeita a guerra como um meio legítimo de resolver disputas, defendendo a negociação, a mediação, a cooperação internacional e a construção de pontes entre as nações como caminhos para a paz duradoura. A visão Jainista de um mundo pacífico baseia-se na premissa de que a violência gera mais violência, e que apenas a não-violência pode quebrar o ciclo de conflito e sofrimento.

A importância do diálogo, da compreensão mútua e da empatia na abordagem Jainista aos conflitos reside na convicção de que a maioria dos conflitos surge da falta de comunicação, do mal-entendido, da intolerância e da falta de compaixão. O Jainismo enfatiza a necessidade de cultivar a empatia, de se colocar no lugar do outro, de compreender suas perspectivas, suas necessidades e seus sofrimentos, como um passo fundamental para a resolução pacífica de conflitos. O princípio do Anekantavada (relativismo), que reconhece a multiplicidade de perspectivas e a relatividade da verdade, é essencial para o diálogo inter-religioso e intercultural, incentivando a tolerância, a humildade intelectual e a abertura para ouvir e aprender com os outros.

O diálogo Jainista busca criar um espaço seguro e respeitoso para a comunicação aberta e honesta, onde todas as partes envolvidas possam expressar suas opiniões, seus sentimentos e suas necessidades, sem medo de julgamento ou violência. O objetivo do diálogo não é necessariamente chegar a um consenso completo, mas sim promover a compreensão mútua, identificar áreas de acordo e desacordo, e encontrar soluções criativas e pacíficas que sejam aceitáveis para todos os envolvidos. A empatia, no contexto Jainista, não é apenas um sentimento passivo de simpatia, mas sim uma capacidade ativa de se conectar com a experiência do outro, de sentir sua dor e seu sofrimento como se fossem seus próprios. A empatia motiva a ação compassiva, a busca por justiça e a resolução de conflitos de forma não-violenta, visando a aliviar o sofrimento e promover o bem-estar de todos os seres.

Existem exemplos de aplicação dos princípios Jainistas na construção da paz e na promoção da harmonia social, tanto históricos quanto contemporâneos, que ilustram o potencial transformador da Ahimsa na resolução de conflitos. Embora o Jainismo seja uma tradição minoritária em muitos contextos, seus princípios éticos e sua abordagem não-violenta têm inspirado movimentos pacifistas, iniciativas de justiça social e esforços de construção da paz em diversas partes do mundo.

Historicamente, a influência do Jainismo no movimento de independência da Índia liderado por Mahatma Gandhi é um exemplo notável de aplicação dos princípios Jainistas na resolução de um conflito social e político de grande escala. Gandhi, profundamente influenciado pela filosofia Jainista, adotou a Satyagraha (força da verdade), uma forma de resistência não-violenta baseada nos princípios da Ahimsa, da verdade e da autossuficiência, como a principal estratégia para lutar contra o domínio colonial britânico e alcançar a independência da Índia. A Satyagraha de Gandhi, inspirada pela Ahimsa Jainista, demonstrou o poder da não-violência como uma força transformadora para a mudança social e política, influenciando movimentos de direitos civis e de paz em todo o mundo.

Contemporaneamente, organizações e indivíduos Jainistas continuam a trabalhar ativamente na promoção da paz, da não-violência e da justiça social em diversas áreas, desde a resolução de conflitos comunitários até a defesa dos direitos humanos e a proteção do meio ambiente. Iniciativas Jainistas de diálogo inter-religioso e intercultural buscam construir pontes de entendimento e cooperação entre diferentes comunidades religiosas e culturais, promovendo a tolerância, o respeito mútuo e a coexistência pacífica. Projetos de educação para a paz e a não-violência são desenvolvidos em escolas e comunidades Jainistas, visando a formar as novas gerações nos valores da compaixão, da empatia e da resolução pacífica de conflitos. Campanhas de conscientização sobre a violência e a injustiça social, inspiradas pela Ahimsa, buscam mobilizar a opinião pública e pressionar por mudanças sociais e políticas que promovam a paz, a justiça e a igualdade.

O Jainismo como um caminho para a paz interior e para a paz mundial oferece uma visão holística e integrada da paz, que começa com a transformação individual e se expande para a transformação social e global. A paz, na perspectiva Jainista, não é apenas a ausência de conflito externo, mas sim um estado de harmonia interior, de equilíbrio mental e emocional, que surge da prática da autodisciplina, da meditação e da purificação kármica. A paz interior, cultivada através da prática espiritual Jainista, irradia-se para o mundo exterior, influenciando positivamente os relacionamentos interpessoais, as comunidades e a sociedade em geral.

O Jainismo nos ensina que a paz mundial começa com a paz interior de cada indivíduo. Ao transformar nossos próprios corações e mentes, ao cultivar a compaixão, a empatia e a não-violência em nossas vidas diárias, podemos contribuir para a criação de um mundo mais pacífico e harmonioso. A prática da Ahimsa, portanto, não é apenas uma ética pessoal, mas também uma estratégia para a transformação social, um caminho para a construção de um futuro de paz e justiça para toda a humanidade. O convite do Jainismo à não-violência e à construção da paz ressoa com urgência e esperança no mundo contemporâneo, oferecendo um farol de luz e um guia para a ação em tempos de conflito e incerteza.

Em conclusão, o Jainismo oferece uma abordagem profunda e abrangente para a construção da paz, centrada no princípio da Ahimsa como ferramenta para a resolução de conflitos em todos os níveis. A importância do diálogo, da compreensão mútua e da empatia é enfatizada como meios essenciais para a superação da violência. Exemplos históricos e contemporâneos demonstram a aplicabilidade dos princípios Jainistas na promoção da harmonia social e da paz mundial. O Jainismo, em última análise, propõe um caminho de transformação pessoal e social, onde a busca pela paz interior se torna inseparável da busca pela paz no mundo, convidando-nos a agir com Ahimsa como agentes de mudança positiva e construtores de um futuro mais pacífico e compassivo para todos os seres.

No próximo capítulo, exploraremos o Jainismo e o diálogo inter-religioso, desvendando a perspectiva Jainista sobre outras fés e sua contribuição para a compreensão da diversidade religiosa.

Capítulo 23
Diálogo Inter-religioso

Em um mundo globalizado e plural, onde diferentes tradições religiosas coexistem e interagem cada vez mais, o diálogo inter-religioso emerge como uma necessidade premente para a construção da paz, da compreensão mútua e da cooperação global. O Jainismo, com sua filosofia inclusiva e tolerante, oferece uma perspectiva singularmente valiosa para este diálogo, fundamentada no princípio do Anekantavada (Relativismo) e em uma profunda ética de respeito e não-violência para com todas as crenças e pontos de vista. Explorar o Jainismo e o diálogo inter-religioso é desvendar a abordagem Jainista à diversidade religiosa, compreendendo como seus princípios podem contribuir para a superação do fanatismo, da intolerância e do conflito religioso, promovendo um espírito de colaboração e busca por valores universais entre as diferentes tradições de fé.

Anekantavada como base para o diálogo inter-religioso e a compreensão da diversidade religiosa é o alicerce da perspectiva Jainista sobre outras fés. O Anekantavada, a doutrina da multiplicidade de perspectivas e da relatividade da verdade, ensina que a realidade é complexa e multifacetada, e que nenhuma perspectiva única pode capturá-la em sua totalidade. Aplicado ao campo religioso, o Anekantavada implica que nenhuma religião possui o monopólio da verdade absoluta, e que cada tradição religiosa representa uma perspectiva válida e valiosa sobre a natureza da realidade última, o caminho espiritual e o propósito da vida.

Esta visão pluralista e inclusiva contrasta com abordagens religiosas exclusivistas que afirmam a superioridade ou a unicidade de sua própria fé, frequentemente levando à intolerância, ao proselitismo e ao conflito inter-religioso. O Anekantavada Jainista, ao reconhecer a validade e a importância de todas as perspectivas religiosas, promove um espírito de humildade intelectual, tolerância e respeito em relação às outras tradições de fé. O diálogo inter-religioso, na perspectiva Jainista, não é visto como uma competição para converter ou refutar outras religiões, mas sim como uma oportunidade para aprender uns com os outros, para enriquecer a própria compreensão espiritual e para trabalhar juntos na busca por valores universais e soluções para os desafios da humanidade.

O respeito e a tolerância Jainista em relação a outras tradições religiosas são características distintivas da postura Jainista no diálogo inter-religioso. O Jainismo, ao longo de sua história, tem demonstrado uma notável capacidade de coexistir pacificamente com outras religiões na Índia e em outras partes do mundo, evitando o proselitismo agressivo e o conflito religioso. Este respeito e tolerância decorrem diretamente do princípio do Anekantavada, que incentiva os Jainistas a verem a verdade em todas as perspectivas, mesmo naquelas que diferem de suas próprias crenças.

O Jainismo não considera outras religiões como falsas ou inferiores, mas sim como diferentes caminhos que podem levar à realização espiritual e à busca pelo bem. Reconhecendo que diferentes pessoas têm diferentes necessidades, temperamentos e contextos culturais, o Jainismo aceita que diferentes religiões podem oferecer caminhos válidos e adequados para diferentes indivíduos. Este respeito pela diversidade religiosa não implica em relativismo moral ou em indiferença à verdade, mas sim em reconhecer a complexidade da busca espiritual humana e a legitimidade de diferentes abordagens para a mesma meta última.

Existem pontos de convergência e diálogo entre o Jainismo e outras religiões, como o Budismo, o Hinduísmo, o Cristianismo, o Islamismo e outras tradições de fé, que podem ser explorados para promover a compreensão mútua e a cooperação inter-religiosa. Embora cada religião possua suas próprias doutrinas, rituais e práticas específicas, existem valores e princípios éticos universais que são compartilhados por muitas tradições religiosas, oferecendo um terreno comum para o diálogo e a colaboração.

Com o Budismo, o Jainismo compartilha uma origem histórica e cultural comum na Índia Antiga, e uma série de princípios e práticas semelhantes, como a ênfase na não-violência, no ascetismo, na meditação e na busca pela libertação do sofrimento. O diálogo Jainista-Budista pode explorar as nuances e diferenças em suas doutrinas, como o conceito de alma (Jiva no Jainismo e Anatta no Budismo), a prática ascética (mais radical no Jainismo e o Caminho do Meio no Budismo) e a epistemologia (Anekantavada no Jainismo e ênfase na vacuidade no Budismo), enriquecendo a compreensão mútua e identificando áreas de convergência ética e espiritual.

Com o Hinduísmo, o Jainismo compartilha um vasto terreno cultural e histórico comum, e uma série de conceitos e práticas compartilhadas, como a crença no Karma, na reencarnação, no Dharma e na busca pela libertação (Moksha). O diálogo Jainista-Hindu pode explorar as diferenças em suas visões sobre a divindade, o sistema de castas, os rituais e as práticas ascéticas, buscando identificar valores éticos e espirituais comuns e áreas de colaboração social e ambiental.

Com o Cristianismo e o Islamismo, o diálogo Jainista pode explorar os pontos de convergência ética e espiritual, como a importância da compaixão, da justiça, da paz, do amor ao próximo e da busca por um relacionamento com o transcendente. Embora as doutrinas teológicas e cosmológicas difiram significativamente, o diálogo pode se concentrar nos valores éticos compartilhados, na importância da ação social em prol da justiça e da paz, e na busca por um terreno comum para a colaboração em questões de interesse global, como a pobreza, a desigualdade, a violência e a crise ambiental.

A busca por valores universais e princípios éticos comuns entre as diferentes religiões é um objetivo importante do diálogo inter-religioso na perspectiva

Jainista. Apesar da diversidade de doutrinas, rituais e práticas religiosas, muitas tradições de fé compartilham valores éticos fundamentais, como a compaixão, a justiça, a honestidade, a paz, a generosidade, o respeito e a responsabilidade. Estes valores universais podem servir como base para a cooperação inter-religiosa em áreas como a promoção da paz, a defesa dos direitos humanos, a luta contra a pobreza e a desigualdade, a proteção do meio ambiente e a construção de um mundo mais justo e compassivo.

O diálogo inter-religioso, na perspectiva Jainista, não visa a homogeneizar ou a diluir as diferenças entre as religiões, mas sim a reconhecer e valorizar a diversidade religiosa como uma riqueza para a humanidade. A busca por valores universais não implica em negar ou minimizar as particularidades de cada tradição religiosa, mas sim em identificar o terreno comum que pode unir as diferentes fés na busca por um bem maior. O Jainismo, com sua filosofia inclusiva e tolerante, oferece uma contribuição valiosa para este diálogo, convidando as diferentes religiões a trabalharem juntas na construção de um mundo mais pacífico, justo e harmonioso para todos os seres.

Em conclusão, o Jainismo e o diálogo inter-religioso encontram-se no princípio do Anekantavada, uma filosofia que promove a tolerância, o respeito e a compreensão da diversidade religiosa. O Jainismo demonstra um profundo respeito e tolerância por outras tradições de fé, buscando pontos de convergência e diálogo com o Budismo, o Hinduísmo, o Cristianismo, o Islamismo e outras religiões. A busca por valores universais e princípios éticos comuns entre as diferentes religiões é vista como um caminho para a cooperação inter-religiosa e a construção de um mundo mais pacífico e justo. O Jainismo, com sua perspectiva inclusiva e dialogante, oferece uma valiosa contribuição para o cenário inter-religioso contemporâneo, convidando as diferentes fés a trabalharem juntas na busca por um futuro de paz, harmonia e compreensão mútua para toda a humanidade. No próximo capítulo, exploraremos a presença do Jainismo na diáspora, desvendando a formação de comunidades Jainistas fora da Índia e seus desafios e adaptações no mundo moderno.

Capítulo 24
Jainismo na Diáspora

No limiar do século XXI, o Jainismo, uma tradição religiosa e filosófica milenar com raízes profundas na Índia, expandiu suas fronteiras geográficas e culturais, estabelecendo comunidades vibrantes e florescentes na diáspora, em diversos cantos do mundo. Esta diáspora Jainista, impulsionada por movimentos migratórios e pela busca por oportunidades em diferentes nações, representa um capítulo novo e dinâmico na história do Jainismo, trazendo consigo desafios e adaptações, mas também oportunidades únicas para a disseminação global dos ensinamentos Jainistas e o enriquecimento da tapeçaria multicultural do mundo contemporâneo. Explorar o Jainismo na diáspora é desvendar a jornada de uma fé ancestral em terras estrangeiras, compreendendo como a comunidade Jainista se reinventa e se fortalece em novos contextos culturais, mantendo sua identidade e contribuindo para a construção de um mundo mais diverso e interconectado.

A expansão do Jainismo para fora da Índia no século XX e XXI marca um ponto de inflexão na história da tradição Jainista. Durante séculos, o Jainismo permaneceu predominantemente confinado ao subcontinente indiano, com comunidades concentradas principalmente na Índia, e em menor medida, em alguns países vizinhos. No entanto, a partir do século XX, e especialmente nas últimas décadas, o Jainismo testemunhou um movimento crescente de diáspora, com Jainistas migrando para diferentes partes do mundo em busca de melhores oportunidades econômicas, educacionais e profissionais.

Os fatores que impulsionaram a diáspora Jainista são múltiplos e complexos, refletindo as tendências globais de migração e as dinâmicas socioeconômicas do mundo contemporâneo. A globalização, o aumento da mobilidade internacional, a busca por melhores condições de vida e a diáspora de outras comunidades indianas foram alguns dos principais catalisadores da expansão do Jainismo para além das fronteiras da Índia. A diáspora Jainista, embora represente um desafio em termos de manutenção da identidade cultural e religiosa, também oferece oportunidades sem precedentes para a disseminação global dos ensinamentos Jainistas, a interação com diferentes culturas e a construção de pontes entre o Oriente e o Ocidente.

A formação de comunidades Jainistas na América do Norte, Europa, África, Ásia e Oceania testemunha o alcance global da diáspora Jainista. Na América do Norte, os Estados Unidos e o Canadá abrigam as maiores comunidades Jainistas da diáspora, com centros Jainistas, templos e organizações comunitárias estabelecidas em diversas cidades, como Nova York, Chicago, Los Angeles, Toronto e Vancouver. Na Europa, o Reino Unido, a Bélgica, a Alemanha e a França são alguns dos países com presença Jainista mais significativa, com comunidades em cidades como Londres, Leicester, Antuérpia e Paris. Na África, comunidades Jainistas podem ser encontradas principalmente no Quênia, África do Sul e Uganda, reflexo da migração histórica de indianos para o continente africano. Na Ásia, para além da Índia, comunidades Jainistas estão presentes em países como Singapura, Malásia, Tailândia e Japão, muitas vezes compostas por imigrantes indianos e seus descendentes. Na Oceania, a Austrália e a Nova Zelândia também testemunharam a formação de comunidades Jainistas, principalmente nas grandes cidades.

Estas comunidades Jainistas na diáspora, embora partilhem a mesma fé e os mesmos valores fundamentais, refletem uma diversidade interna em termos de origem regional, seita Jainista (Digambara ou Svetambara), língua, práticas culturais e graus de adaptação ao contexto local. A diáspora Jainista não é um bloco monolítico, mas sim um mosaico de comunidades com suas próprias nuances e dinâmicas.

Os desafios e adaptações do Jainismo na diáspora são complexos e multifacetados, exigindo esforços contínuos para manter a identidade cultural e religiosa, transmitir os valores para as novas gerações e adaptar as práticas Jainistas aos novos contextos culturais. Um dos principais desafios é a manutenção da identidade cultural e religiosa em um ambiente cultural e religioso diferente da Índia. A diáspora Jainista enfrenta a pressão da assimilação cultural, a dificuldade de manter as tradições Jainistas em um contexto secularizado e a necessidade de transmitir a fé e a cultura Jainista para as novas gerações, que muitas vezes crescem em um ambiente predominantemente não-Jainista.

Para enfrentar este desafio, as comunidades Jainistas na diáspora têm se esforçado para criar centros comunitários, templos e organizações religiosas que sirvam como pontos de encontro, espaços de culto, centros de educação religiosa e locais de preservação cultural. A transmissão dos valores para as novas gerações é uma prioridade, com programas de educação religiosa para crianças e jovens, aulas de Jainologia, retiros espirituais e atividades culturais que visam a fortalecer a identidade Jainista e a conexão com a tradição.

A adaptação das práticas Jainistas ao contexto da diáspora é outro desafio importante. Algumas práticas Jainistas, como os rituais templários, os jejuns rigorosos e as restrições alimentares específicas, podem ser difíceis de manter integralmente em um ambiente cultural e social diferente da Índia. As comunidades Jainistas na diáspora têm procurado adaptar as práticas Jainistas de forma criativa e flexível, mantendo a essência dos princípios Jainistas, mas ajustando as formas de prática para torná-las mais acessíveis e relevantes no contexto da vida na diáspora. Por exemplo, os rituais templários podem ser simplificados, os jejuns podem ser adaptados às condições de saúde e ao estilo de vida ocidental, e as restrições alimentares podem ser interpretadas de forma mais flexível, mantendo sempre o compromisso com a Ahimsa e o vegetarianismo.

A contribuição da diáspora Jainista para a disseminação global dos ensinamentos Jainistas é notável e crescente. As comunidades Jainistas na diáspora atuam como pontes culturais e espirituais entre o Jainismo e o mundo ocidental, promovendo o diálogo inter-religioso, a compreensão intercultural e a disseminação dos valores Jainistas de paz, não-violência, tolerância e respeito por toda a vida. Centros Jainistas na diáspora oferecem palestras, workshops, cursos e publicações sobre o Jainismo, atraindo pessoas de diferentes origens culturais e religiosas interessadas em aprender sobre a filosofia e a ética Jainista.

A diáspora Jainista tem utilizado as novas tecnologias de comunicação e informação, como a internet, as redes sociais e as plataformas online, para disseminar os ensinamentos Jainistas globalmente, alcançar um público mais amplo e promover o diálogo inter-religioso e intercultural em escala mundial. Organizações Jainistas na diáspora têm traduzido escrituras Jainistas, produzido materiais educativos em diversas línguas, organizado eventos e conferências internacionais, e criado redes de comunicação online que conectam Jainistas e interessados no Jainismo em todo o mundo.

A diáspora Jainista, portanto, não é apenas um fenômeno migratório, mas também um agente de transformação e disseminação do Jainismo, contribuindo para a expansão da influência da tradição Jainista no mundo contemporâneo. Através de seus esforços para manter a identidade cultural e religiosa, adaptar as práticas Jainistas e disseminar os ensinamentos Jainistas globalmente, a diáspora Jainista desempenha um papel crucial na vitalidade e na continuidade da tradição Jainista no século XXI, garantindo que a sabedoria ancestral do Jainismo continue a inspirar e a guiar pessoas em diferentes partes do mundo na busca por uma vida ética, pacífica e significativa.

Em conclusão, o Jainismo na diáspora representa um capítulo dinâmico e multifacetado na história da tradição Jainista. A expansão do Jainismo para fora da Índia no século XX e XXI resultou na formação de comunidades Jainistas vibrantes em diversos continentes, enfrentando desafios de adaptação e manutenção da identidade, mas também aproveitando oportunidades para disseminar os ensinamentos Jainistas globalmente. A diáspora Jainista, com seus centros comunitários, templos, programas educacionais e iniciativas online, contribui significativamente para a vitalidade e a relevância do Jainismo no mundo moderno, atuando como ponte cultural e espiritual e promovendo os valores Jainistas de paz, não-violência e harmonia universal. No próximo capítulo, exploraremos os desafios e questões contemporâneas no Jainismo, desvendando as adaptações modernas e as preocupações que a tradição Jainista enfrenta no século XXI.

Capítulo 25
Desafios Contemporâneos

No limiar do século XXI, o Jainismo, como muitas outras tradições religiosas, navega por um mar de desafios e questões contemporâneas, inerentes à complexidade e às rápidas transformações do mundo moderno. Enfrentando as ondas do secularismo, do materialismo, da globalização e da modernidade, o Jainismo busca adaptações criativas e relevantes para manter sua vitalidade, preservar seus valores essenciais e responder às preocupações e indagações de seus praticantes e da sociedade em geral. Explorar os desafios e questões contemporâneas no Jainismo é mergulhar nas complexidades da tradição Jainista no mundo moderno, compreendendo as tensões entre a tradição e a modernidade, os debates internos e externos, e os esforços para reimaginar e revitalizar o Jainismo para o século XXI.

Os desafios internos e externos enfrentados pelo Jainismo no mundo moderno são diversos e interconectados, refletindo as tendências culturais, sociais e intelectuais do nosso tempo. Entre os desafios externos, o Jainismo, como outras religiões, confronta o crescente secularismo em muitas partes do mundo, onde a influência da religião na vida pública e privada diminui, e valores seculares como o racionalismo, o individualismo e o materialismo ganham proeminência. O materialismo, com sua ênfase nos bens materiais, no consumo e no sucesso mundano, desafia os valores Jainistas de simplicidade, não-possessividade (Aparigraha) e busca por valores espirituais. A globalização, embora ofereça oportunidades para a disseminação do Jainismo na diáspora, também expõe a tradição Jainista a influências culturais diversas e por vezes desafiadoras, questionando as formas tradicionais de prática e identidade Jainista.

Entre os desafios internos, o Jainismo, como tradição viva, enfrenta debates e tensões internas sobre a interpretação e a aplicação dos princípios Jainistas no mundo moderno. Questões relacionadas ao gênero, ao sistema de castas (embora o Jainismo rejeite formalmente o sistema de castas, vestígios de hierarquias sociais podem persistir em algumas comunidades Jainistas), à justiça social e aos direitos humanos são objeto de reflexão e debate dentro da comunidade Jainista, buscando adaptar os valores Jainistas aos desafios éticos e sociais do século XXI.

As questões contemporâneas no Jainismo refletem as preocupações e os dilemas éticos e sociais que a tradição Jainista enfrenta no mundo moderno. A questão de gênero, por exemplo, é um tema de debate em muitas religiões, incluindo o Jainismo. Embora o Jainismo histórico tenha concedido um papel significativo às mulheres na prática religiosa e no monasticismo, algumas tradições Jainistas, especialmente dentro da seita Digambara, mantêm visões mais restritivas sobre o papel das mulheres na vida monástica e espiritual. Debates contemporâneos dentro do Jainismo questionam a necessidade de maior igualdade de gênero em todas as esferas da vida Jainista, incluindo o acesso ao monasticismo, a liderança religiosa e a participação em rituais e práticas.

A questão da justiça social e do engajamento social do Jainismo no mundo moderno também é um tema relevante. Embora o Jainismo enfatize a compaixão, a não-violência e a caridade (Dana), alguns críticos argumentam que a tradição Jainista tem se concentrado excessivamente na libertação individual e no ascetismo monástico, negligenciando o engajamento ativo na busca por justiça social e na resolução de problemas sociais como a pobreza, a desigualdade e a opressão. Debates contemporâneos dentro do Jainismo exploram as implicações da Ahimsa para a ação social e política, buscando formas de aplicar os princípios Jainistas na promoção da justiça social, da igualdade e da defesa dos direitos humanos, sem comprometer o princípio da não-violência.

As adaptações modernas e inovações na prática e na interpretação do Jainismo demonstram a capacidade da tradição Jainista de se reinventar e de se manter relevante no mundo moderno. Diante dos desafios do secularismo e do materialismo, as comunidades Jainistas têm buscado novas formas de apresentar e vivenciar o Dharma Jainista, adaptando as práticas tradicionais e incorporando elementos da cultura moderna para tornar o Jainismo mais acessível e atraente para as novas gerações.

No campo da prática, observa-se uma tendência de simplificação e adaptação dos rituais e práticas ascéticas, buscando torná-los mais práticos e relevantes para os leigos e leigas que vivem no mundo secular. A prática da meditação (Samayika), o vegetarianismo e a caridade (Dana) continuam a ser enfatizadas como práticas centrais para os leigos e leigas Jainistas, adaptadas aos estilos de vida modernos e incorporando elementos da espiritualidade contemporânea, como a atenção plena (Mindfulness) e a compaixão. A educação Jainista também tem se adaptado, utilizando novas tecnologias e plataformas online para disseminar os ensinamentos Jainistas, alcançar um público mais amplo e criar redes de comunicação e aprendizado online para Jainistas em todo o mundo.

No campo da interpretação, observa-se uma tendência de reinterpretação dos princípios Jainistas à luz dos desafios e valores do mundo moderno. O princípio da Ahimsa, por exemplo, tem sido reinterpretado e expandido para abranger questões contemporâneas como a ética ambiental, os direitos animais, a justiça social e a construção da paz. O princípio do Anekantavada é utilizado para promover o diálogo inter-religioso e intercultural, a tolerância e a compreensão da diversidade no mundo plural e globalizado. A filosofia Jainista é explorada em diálogo com o pensamento científico moderno, buscando identificar pontos de convergência e insights mútuos, e demonstrando a relevância da sabedoria Jainista para os desafios do século XXI.

O debate sobre a relevância e a aplicabilidade dos princípios Jainistas no século XXI é um reflexo da vitalidade e da capacidade de autorreflexão da tradição Jainista. Alguns críticos questionam se os princípios Jainistas, com sua ênfase no ascetismo, na renúncia e na não-violência radical, são realmente relevantes e aplicáveis ao mundo moderno, marcado pelo consumismo, pela competição e pela violência. Outros argumentam que os princípios Jainistas, precisamente por sua ênfase na não-violência, na compaixão, na simplicidade e na busca por valores espirituais, são mais relevantes do que nunca no mundo contemporâneo, oferecendo um caminho alternativo e inspirador para a transformação pessoal e social, e para a construção de um futuro mais pacífico, justo e sustentável.

A resposta a este debate reside na capacidade da comunidade Jainista de continuar a adaptar, reinterpretar e vivenciar os princípios Jainistas de forma criativa e relevante no mundo moderno. O Jainismo, como tradição viva, tem a capacidade de evoluir e se transformar, mantendo seus valores essenciais, mas também respondendo aos desafios e às necessidades de cada época. A vitalidade do Jainismo no século XXI dependerá de sua capacidade de dialogar com o mundo moderno, de responder às questões contemporâneas e de continuar a inspirar pessoas na busca por uma vida ética, significativa e em harmonia com todos os seres.

Em conclusão, os desafios e questões contemporâneas no Jainismo refletem a tensão criativa entre a tradição e a modernidade, e a busca contínua da comunidade Jainista por relevância e vitalidade no século XXI. Questões de gênero, justiça social e adaptação das práticas são objeto de debate e reflexão interna. Adaptações modernas e inovações na prática e na interpretação do Jainismo demonstram a capacidade da tradição de se reinventar. O debate sobre a relevância e a aplicabilidade dos princípios Jainistas no mundo moderno estimula a autorreflexão e a busca por um Jainismo vivo e dinâmico para o futuro. No próximo e último capítulo, exploraremos o futuro do Jainismo, analisando as perspectivas e a relevância da tradição Jainista no século XXI e seu potencial para contribuir para um mundo mais ético, pacífico e sustentável.

Capítulo 26
O Futuro do Jainismo

Ao contemplarmos o futuro do Jainismo no século XXI, somos convidados a refletir sobre a relevância duradoura de uma tradição milenar em um mundo em constante transformação. O Jainismo, com seus princípios éticos profundos, sua filosofia inclusiva e sua ênfase na busca pela paz interior e harmonia universal, possui um potencial inegável para contribuir significativamente para um futuro mais ético, pacífico e sustentável para a humanidade e para o planeta. Explorar o futuro do Jainismo é contemplar as perspectivas promissoras de uma tradição viva e dinâmica, que, mesmo enfrentando desafios contemporâneos, continua a inspirar e a guiar pessoas na busca por uma vida mais significativa, compassiva e em harmonia com todos os seres.

O potencial do Jainismo para contribuir para um mundo mais ético, pacífico e sustentável reside na essência de seus princípios e valores centrais. Em um mundo marcado pela crescente complexidade ética, pela persistência de conflitos e violência, e pela urgência da crise ambiental, o Jainismo oferece um guia moral e espiritual de notável relevância para a construção de um futuro melhor.

A ética Jainista da Ahimsa (Não-Violência), com seu alcance universal e sua abrangência a todas as formas de vida, oferece um fundamento sólido para uma ética global que transcende fronteiras culturais, religiosas e nacionais. A Ahimsa, como princípio fundamental da ação e da conduta, pode inspirar uma transformação ética profunda em diversas áreas da vida humana, desde as relações interpessoais e a vida familiar até a política, a economia e a ciência. Em um mundo que clama por paz, justiça e compaixão, a ética Jainista da Ahimsa oferece um caminho concreto para a construção de uma sociedade mais humana e harmoniosa.

A filosofia Jainista do Anekantavada (Relativismo), com sua ênfase na multiplicidade de perspectivas e na relatividade da verdade, oferece um antídoto poderoso contra o dogmatismo, o fanatismo e a intolerância, promovendo o diálogo inter-religioso e intercultural, a compreensão mútua e a resolução pacífica de conflitos. Em um mundo marcado por divisões ideológicas, religiosas e culturais, o Anekantavada Jainista oferece uma perspectiva inclusiva e tolerante, que reconhece a validade de diferentes pontos de vista e incentiva a busca por um terreno comum e a colaboração para o bem comum.

O estilo de vida Jainista, centrado na simplicidade, na não-possessividade (Aparigraha), no consumo consciente, no vegetarianismo e na autodisciplina, oferece um modelo sustentável e compassivo para o século XXI. Em um mundo confrontado com a crise ambiental, o esgotamento dos recursos naturais e o consumismo desenfreado, o estilo de vida Jainista propõe uma alternativa ética e ecológica, que prioriza o bem-estar espiritual acima da acumulação material, a harmonia com a natureza acima da exploração predatória, e a moderação acima do excesso. O estilo de vida Jainista, portanto, pode inspirar uma transformação cultural em direção a uma sociedade mais sustentável, equitativa e focada em valores mais profundos do que o mero consumo material.

A relevância dos princípios Jainistas para a resolução dos desafios globais contemporâneos torna-se cada vez mais evidente em um mundo complexo e interconectado. As mudanças climáticas, a perda de biodiversidade, a poluição, a desigualdade social, a violência, os conflitos inter-religiosos e interculturais são alguns dos desafios globais urgentes que exigem soluções inovadoras e transformadoras. Os princípios Jainistas oferecem uma perspectiva ética e filosófica valiosa para abordar estes desafios de forma holística e integrada.

A Ahimsa ambiental Jainista oferece um guia para a ação no contexto da crise climática e da perda de biodiversidade, incentivando a adoção de práticas sustentáveis, a proteção dos ecossistemas e a busca por uma relação harmoniosa com a natureza. O princípio da não-violência pode ser aplicado na resolução de conflitos e na construção da paz, promovendo o diálogo, a mediação, a tolerância e a busca por soluções pacíficas para as disputas, tanto em nível interpessoal quanto internacional. A ética da justiça social Jainista, baseada na compaixão, na equidade e no respeito por todos os seres, pode inspirar a luta contra a pobreza, a desigualdade e a opressão, e a construção de sociedades mais justas e inclusivas.

A importância de preservar e promover os ensinamentos Jainistas para as futuras gerações reside na convicção de que a sabedoria ancestral do Jainismo possui um valor perene e uma relevância contínua para a humanidade. Em um mundo em rápida mudança, onde os valores tradicionais são frequentemente questionados e a busca por significado e propósito se intensifica, o Jainismo oferece um caminho espiritual sólido e coerente, baseado em princípios éticos universais e em uma filosofia profunda e abrangente.

A preservação e promoção dos ensinamentos Jainistas para as futuras gerações exigem esforços contínuos e criativos por parte da comunidade Jainista e de todos aqueles que reconhecem o valor da tradição Jainista. A educação Jainista, desde a infância até a idade adulta, é fundamental para transmitir os valores Jainistas, as escrituras sagradas, as práticas espirituais e a cultura Jainista para as novas gerações. O uso das novas tecnologias de comunicação e informação pode ser aproveitado para disseminar os ensinamentos Jainistas globalmente, alcançar um público mais amplo e criar redes de aprendizado e prática online. O diálogo inter-religioso e intercultural é essencial para apresentar o Jainismo a diferentes culturas e para construir pontes de entendimento e cooperação com outras tradições religiosas e seculares.

O futuro do Jainismo como uma tradição espiritual viva e dinâmica depende da capacidade da comunidade Jainista de se adaptar, de se reinventar e de responder aos desafios e oportunidades do século XXI, mantendo a essência de seus princípios e valores, mas também incorporando novas formas de expressão e prática que tornem o Jainismo relevante e atraente para as novas gerações. O Jainismo, com sua longa história de resiliência, adaptação e renovação, possui o potencial de continuar a florescer e a contribuir para a transformação positiva do mundo, oferecendo um caminho de paz interior, harmonia universal e busca pela libertação espiritual para todos aqueles que se inspiram em seus ensinamentos.

Em conclusão, o futuro do Jainismo é promissor e relevante no século XXI. Seu potencial para contribuir para um mundo mais ético, pacífico e sustentável é inegável, especialmente no contexto dos desafios globais contemporâneos. A relevância dos princípios Jainistas para a resolução destes desafios é cada vez mais reconhecida. A importância de preservar e promover os ensinamentos Jainistas para as futuras gerações é crucial para garantir a continuidade da tradição e sua contribuição para um mundo melhor. O Jainismo, como tradição espiritual viva e dinâmica, tem um futuro brilhante pela frente, convidando-nos a refletir sobre seus valores, a praticar seus princípios e a construir juntos um futuro de paz, compaixão e harmonia para toda a humanidade e para o planeta. No próximo e último capítulo, faremos uma análise comparativa entre o Jainismo e o Budismo, explorando as semelhanças e diferenças entre estas duas tradições espirituais originárias da Índia Antiga.

Capítulo 27
Semelhanças Com o Budismo

No rico panorama das tradições espirituais da Índia Antiga, o Jainismo e o Budismo emergem como duas correntes de pensamento distintas, mas também interligadas, compartilhando raízes históricas, valores éticos e objetivos espirituais comuns, ao mesmo tempo em que divergem em doutrinas filosóficas, práticas ascéticas e abordagens para a libertação. Uma análise comparativa do Jainismo e do Budismo revela um fascinante panorama de semelhanças e diferenças, enriquecendo nossa compreensão de ambas as tradições e iluminando as nuances da busca espiritual humana. Explorar as semelhanças e diferenças entre Jainismo e Budismo é adentrar um diálogo milenar entre duas das mais importantes tradições espirituais da Índia, desvendando suas convergências e divergências, e apreciando a riqueza e a complexidade de seus legados.

Uma análise comparativa das origens, doutrinas e práticas do Jainismo e do Budismo revela um panorama de convergências e divergências que refletem suas trajetórias históricas e suas distintas abordagens para a busca espiritual. Ambas as tradições surgiram na Índia Antiga no século VI a.C., durante um período de intensa efervescência religiosa e filosófica, conhecido como o período Shramana, que questionava as tradições religiosas védicas e buscava caminhos alternativos para a libertação do sofrimento. Tanto Mahavira, o último Tirthankara do Jainismo, quanto Siddhartha Gautama, o Buda, foram figuras históricas que renunciaram à vida mundana, praticaram o ascetismo e alcançaram a iluminação, tornando-se os fundadores de suas respectivas tradições.

Entre os pontos de convergência entre Jainismo e Budismo, destacam-se:

Ênfase na Não-Violência (Ahimsa): Tanto o Jainismo quanto o Budismo colocam a não-violência (Ahimsa) no centro de sua ética e prática espiritual. Ambas as tradições condenam a violência em todas as suas formas e defendem a compaixão, a benevolência e o respeito por todos os seres vivos como caminhos para a paz interior e a harmonia universal.

Ascetismo: Tanto o Jainismo quanto o Budismo valorizam o ascetismo como um meio de purificação kármica, autodisciplina e busca pela libertação. Ambas as tradições encorajam a renúncia aos prazeres sensoriais, o desapego dos bens materiais e a prática de austeridades como jejum, meditação e silêncio, como formas de fortalecer a mente e o espírito.

Rejeição do Sistema de Castas: Tanto o Jainismo quanto o Budismo, em suas origens, rejeitaram o sistema de castas hierárquico da sociedade védica, defendendo a igualdade espiritual de todos os seres humanos, independentemente de sua origem social ou casta. Ambas as tradições abriram suas portas para pessoas de todas as castas, incluindo os considerados "intocáveis" na sociedade védica, promovendo uma visão mais igualitária e inclusiva da comunidade religiosa.

Busca pela Libertação (Moksha/Nirvana): Tanto o Jainismo quanto o Budismo compartilham o objetivo final da libertação do ciclo de nascimento e morte (Samsara) e do sofrimento (Dukha). Embora as nomenclaturas e as descrições do estado de libertação (Moksha no Jainismo e Nirvana no Budismo) possam variar, ambas as tradições buscam um estado de paz infinita, bem-aventurança e liberdade das limitações da existência condicionada.

Apesar das semelhanças significativas, o Jainismo e o Budismo também apresentam divergências significativas em suas doutrinas filosóficas, práticas ascéticas e abordagens para a libertação, refletindo suas distintas trajetórias históricas e suas ênfases particulares.

Entre as divergências significativas, destacam-se:

Conceito de Alma (Jiva/Anatta): Uma das diferenças doutrinárias mais fundamentais entre o Jainismo e o Budismo reside no conceito de alma. O Jainismo postula a existência do Jiva, uma alma individual, consciente, eterna e inerentemente pura, presente em todos os seres vivos. O Budismo, por sua vez, adota a doutrina do Anatta (não-alma), negando a existência de uma alma permanente, imutável e substancial, defendendo que a personalidade humana é um fluxo dinâmico de processos físicos e mentais, sem um núcleo permanente ou substancial. Esta diferença no conceito de alma tem implicações significativas para a cosmologia, a ética e a soteriologia de ambas as tradições.

Ascetismo Radical (Jainismo) vs. Caminho do Meio (Budismo): Enquanto ambas as tradições valorizam o ascetismo, o Jainismo adota um ascetismo radical, buscando a purificação kármica e a libertação através de práticas extremamente austeras, como o jejum prolongado, a restrição alimentar rigorosa, a nudez monástica (na tradição Digambara) e a prática da Ahimsa em sua forma mais extrema, evitando ferir qualquer forma de vida, mesmo microorganismos. O Budismo, por sua vez, adota o Caminho do Meio, buscando o equilíbrio entre o ascetismo extremo e a indulgência sensual, defendendo um caminho moderado de prática espiritual que evite os extremos e promova o desenvolvimento harmonioso do corpo, da mente e do espírito.

Anekantavada (Jainismo) vs. Ênfase na Vacuidade (Budismo): No campo epistemológico e filosófico, o Jainismo desenvolveu a doutrina do Anekantavada (relativismo), que enfatiza a multiplicidade de perspectivas e a relatividade da verdade, defendendo que a realidade é complexa e multifacetada, e que nenhuma perspectiva única pode capturá-la completamente. O Budismo, por sua vez, enfatiza a vacuidade (Sunyata) de todos os fenômenos, defendendo que todos os fenômenos são vazios de existência inerente, substancial e permanente, e que a compreensão da vacuidade é essencial para a libertação do sofrimento. Embora ambas as doutrinas reconheçam a complexidade e a natureza ilusória da realidade condicionada, elas diferem em suas ênfases e em suas implicações para a prática espiritual e a compreensão da verdade última.

A influência mútua e a coexistência histórica do Jainismo e do Budismo na Índia testemunham a proximidade e a interação entre estas duas tradições ao longo dos séculos. Embora tenham se desenvolvido como tradições distintas com suas próprias doutrinas e práticas, o Jainismo e o Budismo coexistiram pacificamente na Índia por muitos séculos, influenciando-se mutuamente em diversos aspectos. Existem evidências de diálogo filosófico e intercâmbio de ideias entre pensadores Jainistas e Budistas, bem como de influência mútua em práticas ascéticas, rituais e formas de expressão artística. Apesar de suas divergências doutrinárias, o Jainismo e o Budismo compartilham um terreno ético e espiritual comum, promovendo a não-violência, a compaixão, a autodisciplina e a busca pela libertação do sofrimento, e contribuindo de forma significativa para a rica tapeçaria espiritual da Índia.

Em conclusão, o Jainismo e o Budismo, embora distintos em suas doutrinas e práticas, compartilham semelhanças importantes em suas origens, valores éticos e objetivos espirituais. Ambas as tradições enfatizam a não-violência, o ascetismo, a rejeição do sistema de castas e a busca pela libertação. No entanto, divergem significativamente em seus conceitos de alma, abordagens ascéticas e ênfases filosóficas, com o Jainismo adotando um ascetismo mais radical e uma epistemologia relativista (Anekantavada), enquanto o Budismo enfatiza o Caminho do Meio e a doutrina da vacuidade (Anatta e Sunyata). Apesar de suas divergências, o Jainismo e o Budismo coexistiram pacificamente na Índia por séculos, influenciando-se mutuamente e contribuindo de forma valiosa para a herança espiritual da humanidade. No próximo e penúltimo capítulo, exploraremos o legado duradouro do Jainismo e seu impacto no pensamento indiano e global.

Capítulo 28
O Legado Duradouro do Jainismo

O Jainismo, embora por vezes menos visível no panorama religioso mundial do que outras tradições indianas como o Hinduísmo e o Budismo, legou um impacto duradouro e profundo no pensamento indiano e global, reverberando através dos séculos e influenciando diversos aspectos da cultura, da ética, da filosofia e das práticas espirituais. Este legado, multifacetado e sutil, manifesta-se não apenas nas comunidades Jainistas ao redor do mundo, mas também em valores, movimentos e ideias que moldaram e continuam a moldar a paisagem intelectual e moral da humanidade. Explorar o legado duradouro do Jainismo é desvendar a persistência e a relevância de uma sabedoria ancestral, compreendendo como seus princípios e valores continuam a inspirar e a guiar indivíduos e sociedades na busca por um mundo mais ético, pacífico e harmonioso.

A influência do Jainismo na ética e na filosofia Indiana é inegável e seminal, permeando o pensamento ético e filosófico da Índia ao longo de milênios. O princípio fundamental da Ahimsa (Não-Violência), pedra angular da ética Jainista, tornou-se um valor central na cultura indiana, influenciando não apenas outras tradições religiosas, como o Hinduísmo e o

Budismo, mas também movimentos sociais, políticos e filosóficos ao longo da história da Índia. A Ahimsa Jainista, em sua abrangência e profundidade, vai além da mera abstenção da violência física, incorporando a não-violência verbal, mental e emocional, e estendendo-se a todas as formas de vida, influenciando profundamente o ideal indiano de respeito por todos os seres vivos.

A doutrina do Anekantavada (Relativismo), a filosofia Jainista da multiplicidade de perspectivas e da relatividade da verdade, também deixou uma marca indelével no pensamento filosófico indiano, promovendo a tolerância, o diálogo e a compreensão da diversidade de pontos de vista. O Anekantavada, ao reconhecer a complexidade da realidade e a limitação da perspectiva individual, incentivou o desenvolvimento de abordagens filosóficas mais inclusivas e dialógicas, influenciando o debate intelectual e a busca pela verdade na Índia ao longo dos séculos. A ética Jainista, centrada na Ahimsa, e a epistemologia Jainista, baseada no Anekantavada, constituem contribuições filosóficas únicas e duradouras para o patrimônio intelectual da Índia e do mundo.

A contribuição do Jainismo para o desenvolvimento do vegetarianismo e do movimento de direitos animais é notável e pioneira, fazendo do Jainismo uma das tradições religiosas mais antigas e consistentes defensoras do vegetarianismo e da ética animal. O princípio da Ahimsa, com sua extensão a todas as formas de vida, levou o Jainismo a adotar um vegetarianismo rigoroso como prática essencial, evitando o consumo de carne, peixe, ovos e, idealmente, laticínios, para minimizar a violência contra os animais e reduzir o sofrimento no mundo. O Jainismo não apenas defende o vegetarianismo como uma prática pessoal, mas também o promove como um ideal ético e social, influenciando o desenvolvimento do vegetarianismo na Índia e, mais recentemente, contribuindo para o crescimento do movimento vegetariano e vegano em escala global.

O Jainismo, com sua ênfase na compaixão por todos os seres vivos e na rejeição da violência em todas as suas formas, desempenhou um papel crucial na formação do movimento de direitos animais, antecipando conceitos e argumentos que se tornariam centrais no debate contemporâneo sobre os direitos dos animais. A visão Jainista de que os animais possuem alma, capacidade de sentir dor e sofrimento, e o direito à vida e ao bem-estar, ressoa com as preocupações éticas do movimento de direitos animais, e continua a inspirar ativistas e pensadores na luta pela proteção e pela libertação dos animais.

O impacto do Jainismo na arte, na arquitetura e na literatura Indiana é evidente em templos majestosos, esculturas serenas, pinturas intrincadas e escrituras ricas e diversas. A arquitetura dos templos Jainistas, como os Derasar de Ranakpur, Mount Abu e Khajuraho, representa um legado artístico notável, caracterizado pela beleza, pela complexidade e pela harmonia, refletindo os valores Jainistas de paz, serenidade e busca pela transcendência. As esculturas dos Tirthankaras, com suas expressões serenas e contemplativas, tornaram-se ícones da arte Jainista, transmitindo uma mensagem de paz interior e perfeição espiritual. As pinturas Jainistas, especialmente as miniaturas dos manuscritos ilustrados, destacam-se pela precisão, pelos detalhes e pela riqueza simbólica, narrando histórias religiosas, representando diagramas cosmológicos e transmitindo os ensinamentos do Dharma Jainista.

A literatura Jainista, abrangendo os Agamas, os Purana, os Charita e diversas outras obras, constitui um vasto e rico corpus de textos filosóficos, éticos, narrativos, poéticos e gramaticais, preservados em línguas antigas como Ardhamagadhi, Sânscrito e Apabhramsa. Esta literatura oferece um tesouro de sabedoria espiritual, insights filosóficos, narrativas inspiradoras e exemplos de vida ética, contribuindo significativamente para o patrimônio literário da Índia e para a compreensão da tradição Jainista.

O legado do Jainismo como uma tradição de paz, não-violência e busca espiritual transcende as contribuições específicas em ética, filosofia, vegetarianismo e arte, abrangendo a essência da própria tradição Jainista e sua mensagem fundamental para a humanidade. O Jainismo, ao longo de sua história, manteve-se como um farol de paz e não-violência, defendendo a resolução pacífica de conflitos, a tolerância religiosa e a busca por um mundo mais harmonioso e compassivo. A ênfase Jainista na busca espiritual individual, na autodisciplina, na meditação e na purificação kármica, oferece um caminho para a transformação interior e para a realização do potencial humano para a perfeição espiritual e a libertação do sofrimento.

O Jainismo, em sua essência, convida à reflexão sobre a natureza da existência, o propósito da vida e o caminho para a felicidade e a libertação. Seu legado duradouro reside na transmissão de valores eternos, como a não-violência, a compaixão, a honestidade, a não-possessividade e a busca pela verdade, que continuam a inspirar e a guiar pessoas em diferentes partes do mundo na busca por uma vida mais ética, significativa e em harmonia com todos os seres.

A relevância do Jainismo para o pensamento ético e espiritual contemporâneo é notável e crescente em um mundo confrontado com desafios complexos e urgentes. Em um tempo de violência, conflito, desigualdade, injustiça social e crise ambiental, a sabedoria Jainista oferece um contraponto ético e espiritual valioso, propondo um caminho alternativo baseado na não-violência, na compaixão, na sustentabilidade e na busca pela paz interior. O Jainismo, com sua mensagem de respeito por todas as formas de vida, sua ética da responsabilidade individual e sua visão de um mundo interconectado, ressoa com as preocupações e aspirações do século XXI.

O legado duradouro do Jainismo, portanto, não é apenas uma herança histórica, mas também uma fonte de inspiração e orientação para o futuro. Seus princípios e valores continuam a desafiar e a enriquecer o pensamento ético e espiritual contemporâneo, oferecendo um caminho para a transformação pessoal e social, e para a construção de um mundo mais pacífico, justo e harmonioso para todos os seres vivos.

Em conclusão, o legado duradouro do Jainismo é multifacetado e profundo, irradiando seu impacto no pensamento indiano e global através da ética, da filosofia, do vegetarianismo, do movimento de direitos animais, da arte, da arquitetura, da literatura e de sua mensagem central de paz, não-violência e busca espiritual. O Jainismo, como uma tradição de sabedoria ancestral, continua a oferecer uma contribuição valiosa para o pensamento ético e espiritual contemporâneo, permanecendo relevante e inspirador para o século XXI e para as futuras gerações. No próximo e último capítulo, sintetizaremos os principais ensinamentos e valores do Jainismo, refletindo sobre seu potencial como um caminho para a paz interior e a harmonia universal.

Capítulo 29
Um Caminho para a Paz Interior

Ao chegarmos ao término desta exploração da rica e multifacetada tradição Jainista, é oportuno recapitular os ensinamentos e valores centrais que permeiam cada capítulo deste livro, sintetizando a essência do Jainismo e refletindo sobre seu profundo potencial como um caminho para a paz interior e a harmonia universal. O Jainismo, mais do que uma religião no sentido convencional, revela-se como uma filosofia de vida abrangente e transformadora, um guia prático e ético para a jornada humana rumo à libertação do sofrimento e à realização do pleno potencial espiritual. Neste capítulo conclusivo, revisaremos os pilares fundamentais do Jainismo, reiterando sua relevância perene e seu apelo universal em um mundo que anseia por paz, compaixão e sabedoria.

Revisitando os principais ensinamentos e valores do Jainismo, podemos identificar um conjunto de princípios interconectados que formam o núcleo da tradição Jainista. No centro de tudo reside a Ahimsa (Não-Violência), o princípio supremo e abrangente que permeia todos os aspectos da vida Jainista, desde a conduta pessoal e as escolhas alimentares até o engajamento social e a busca pela paz mundial. A

Ahimsa Jainista não se limita à ausência de violência física, mas se estende à não-violência em pensamento, palavra e ação, e a todas as formas de vida, reconhecendo a interconexão e a sacralidade de todos os seres vivos.

Interligado à Ahimsa está o princípio do Anekantavada (Relativismo), a filosofia Jainista da multiplicidade de perspectivas e da relatividade da verdade. O Anekantavada promove a tolerância, a humildade intelectual e o diálogo, reconhecendo que nenhuma perspectiva única pode capturar a complexidade da realidade, e que a verdade pode ser abordada de diferentes ângulos e sob diferentes pontos de vista. Esta visão inclusiva e pluralista é fundamental para o diálogo inter-religioso, a compreensão intercultural e a resolução pacífica de conflitos.

A Tri-Ratna (Três Joias) do Jainismo - Samyak Darshan (Visão Correta), Samyak Jnana (Conhecimento Correto) e Samyak Charitra (Conduta Correta) - representam o caminho Jainista para a libertação (Moksha). A Visão Correta implica em ter fé nos ensinamentos dos Tirthankaras e na possibilidade da libertação. O Conhecimento Correto envolve a compreensão das doutrinas Jainistas, da cosmologia, da ética e das práticas espirituais. A Conduta Correta refere-se à prática dos Cinco Votos Maiores (Mahavratas) para os monges e freiras, e dos Cinco Votos Menores (Anuvratas) para os leigos e leigas, guiando a conduta ética e moral na vida cotidiana.

Os Cinco Votos Maiores (Mahavratas) - Ahimsa (Não-Violência), Satya (Verdade), Asteya (Não-

Roubar), Brahmacharya (Celibato/Castidade) e Aparigraha (Não-Possessividade) - representam os princípios éticos fundamentais da vida monástica Jainista, guiando os ascetas na busca pela purificação kármica e pela libertação. Os Cinco Votos Menores (Anuvratas), adaptados para os leigos e leigas, oferecem um guia ético para a vida cotidiana, incentivando a prática da não-violência, da verdade, da honestidade, da fidelidade e da moderação no consumo.

A prática ascética e a disciplina espiritual são centrais no Jainismo, visando à purificação do Karma, ao controle dos sentidos e à busca pela libertação. O jejum, a meditação, a oração, o estudo das escrituras e a prática da virtude são algumas das práticas espirituais Jainistas que auxiliam na jornada rumo ao Moksha. A compaixão (Karuna) e a amizade universal (Maitri) são valores essenciais no Jainismo, inspirando a ação altruísta, a caridade (Dana) e a busca pelo bem-estar de todos os seres vivos.

O potencial do Jainismo como um caminho para a paz interior reside em sua ênfase na autodisciplina, na meditação e na purificação mental e emocional. A prática Jainista convida à introspecção, à observação da mente e à transformação interior, buscando a erradicação das paixões, dos apegos e da ignorância, que são as raízes do sofrimento. A meditação Jainista (Samayika) visa a acalmar a mente, a cultivar a atenção plena e a desenvolver a concentração, conduzindo a um estado de paz interior, clareza mental e equilíbrio emocional.

O Jainismo como um caminho para a harmonia universal manifesta-se em sua ética da não-violência estendida a todos os seres, em sua filosofia inclusiva e tolerante, e em seu chamado à compaixão e à interconexão. A visão Jainista de um mundo harmonioso baseia-se no reconhecimento da unidade da vida, na importância do respeito mútuo e na necessidade de construir uma sociedade justa, pacífica e sustentável para todos os seres vivos. A prática da Ahimsa, do Anekantavada e dos valores Jainistas na vida cotidiana pode contribuir para a criação de um mundo mais compassivo, tolerante e em harmonia com a natureza.

Em conclusão, o Jainismo oferece um caminho profundo e abrangente para a paz interior e a harmonia universal, baseado em princípios éticos universais, em uma filosofia inclusiva e tolerante, e em práticas espirituais transformadoras. A mensagem do Jainismo, com sua ênfase na não-violência, na compaixão, na autodisciplina e na busca pela libertação, ressoa com urgência e relevância no mundo contemporâneo, oferecendo um guia valioso para a jornada humana rumo a um futuro mais pacífico, justo e harmonioso para todos os seres vivos. Que a sabedoria do Jainismo continue a inspirar e a guiar indivíduos e sociedades na busca por um mundo melhor, guiado pela luz da Ahimsa e da compaixão universal.

Epílogo

Ao chegar ao fim desta leitura, algo dentro de você, mesmo que sutilmente, já não é mais o mesmo. As palavras percorridas ao longo destas páginas não são meras ideias abstratas; elas carregam a essência de uma tradição que desafia nossa visão de mundo, nossas escolhas diárias e, acima de tudo, nossa relação com a existência. O Jainismo, com sua devoção absoluta à não-violência, sua reverência pela verdade e sua busca incansável pela libertação, não é apenas uma filosofia distante, praticada por monges em silêncio contemplativo. Ele é, e sempre foi, um convite à transformação interior – um chamado para viver com mais consciência, mais responsabilidade e mais compaixão.

A jornada que percorremos juntos revelou um universo de ideias profundas e, muitas vezes, contraintuitivas para a mentalidade moderna. Fomos apresentados à Ahimsa, não apenas como um princípio ético, mas como um compromisso inegociável com a vida. Compreendemos que cada pensamento, cada palavra, cada ação molda a qualidade de nossa alma e determina o curso de nossa jornada kármica. Aprendemos que a verdade nunca é unidimensional, mas multifacetada, exigindo de nós humildade e discernimento. Descobrimos que a libertação não é um presente concedido por uma divindade externa, mas um estado conquistado através da autodisciplina, da renúncia e do conhecimento.

E agora? O que resta ao leitor que percorreu este caminho de descoberta e contemplação?

Resta a escolha.

O conhecimento, por si só, não basta. Ele precisa ser vivido, experimentado, absorvido como parte de nossa essência. Cada um de nós carrega consigo um fardo invisível, uma bagagem de pensamentos e hábitos acumulados ao longo de incontáveis ciclos de existência. O Jainismo nos ensina que esse peso pode ser dissolvido, mas não por forças externas – apenas pela decisão consciente de trilhar um caminho diferente.

A libertação não é um conceito distante. Ela está presente em cada momento em que escolhemos a compaixão ao invés da crueldade, o silêncio ao invés da palavra impensada, o desapego ao invés da cobiça. Ela se manifesta nas pequenas escolhas, na maneira como nos relacionamos com os outros, no que consumimos, no que cultivamos dentro de nós.

Se há algo que o Jainismo nos ensina de forma incontestável é que somos os únicos responsáveis por nossa própria jornada. Não há desculpas, não há atalhos. O mundo ao nosso redor pode ser caótico, violento, indiferente – mas nossa resposta a ele é uma escolha. O destino não nos é imposto; ele é tecido por nossas próprias mãos, costurado a cada pensamento, a cada ação, a cada intenção.

Então, o que você fará agora?

Talvez este livro tenha sido apenas uma leitura enriquecedora, um vislumbre de uma tradição fascinante. Talvez ele tenha plantado uma semente que, no tempo certo, germinará e crescerá em novas compreensões. Ou talvez, apenas talvez, ele tenha sido o início de algo maior – um despertar, um chamado silencioso que ecoará em seus pensamentos muito além da última página.

O Jainismo não exige conversões, não impõe verdades absolutas, não busca seguidores cegos. Ele apenas oferece um caminho. Cabe a cada um decidir se quer segui-lo, e até que ponto está disposto a se comprometer com sua própria evolução.

Se este livro conseguiu provocar questionamentos, se despertou em você um novo olhar para a vida e para o seu próprio papel no universo, então sua missão foi cumprida.

E agora, o próximo passo é seu.

www.ingramcontent.com/pod-product-compliance
Lightning Source LLC
LaVergne TN
LVHW040055080526
838202LV00045B/3646